U0929857

本研究受到国家自然科学基金面上项目“联盟战略、新生学习优势与新创企业合法性研究”（批准号：71172078）和国家自然科学基金重点项目“国际化背景下我国创业企业的社会网络与创业成长”（批准号：71232009）、中央高校基本科研业务费专项资金的资助

苏晓华　张书军　著

衔玉而生

衍生与裂变创业研究

暨南大学出版社
JINAN UNIVERSITY PRESS

中国·广州

图书在版编目（CIP）数据

衔玉而生：衍生与裂变创业研究/苏晓华，张书军著. —广州：暨南大学出版社，2013.6

ISBN 978－7－5668－0787－8

Ⅰ.①衔… Ⅱ.①苏… ②张… Ⅲ.①企业管理—研究 Ⅳ.①F270

中国版本图书馆 CIP 数据核字（2013）第 235586 号

出版发行：暨南大学出版社

地　址：中国广州暨南大学

电　话：总编室（8620）85221601

营销部（8620）85225284　85228291　85228292（邮购）

传　真：（8620）85221583（办公室）　85223774（营销部）

邮　编：510630

网　址：http：//www.jnupress.com　http：//press.jnu.edu.cn

排　版：广州市天河星辰文化发展部照排中心

印　刷：佛山市浩文彩色印刷有限公司

开　本：787mm×1092mm　1/16

印　张：13

字　数：250 千

版　次：2013 年 6 月第 1 版

印　次：2013 年 6 月第 1 次

定　价：30.00 元

内容摘要

本书重点研究了创业中的一类特别形态——衍生创业与裂变创业（指现有企业将某一业务部门分立出去创立新的企业，或现有企业员工离职创办新的企业），不同于白手起家型的初创企业，此类衍生/裂变企业与母体企业存在着千丝万缕的联系，突出体现在这类企业在资源上与母体企业的传承和互补上。能否从原有企业中继承、转移有价值的战略资源，以及有效地开发前期积累的社会网络资源，是这些衍生企业突破创业瓶颈、获取竞争优势的关键。从更为广泛的意义上讲，此类衍生企业对于培育企业家精神、提供就业机会、提升区域绩效和国家自主创新能力有着不容忽视的意义。

本书专注于对源自母体企业的衍生企业创立动机及绩效的探讨，主要研究了以下议题：①通过理论研究、比较分析，对不同模式衍生/裂变企业进行比较 与归纳，对其创立动因进行多视角的理论解释，进而探讨了此类创业战略的适用条件与有效性问题。②衍生/裂变企业的一个典型特征，就是工作经验从母体企业到衍生企业的转移，那么，因为这个特征，衍生企业是“天生富贵”的吗？换句话说，衍生/裂变企业就必然表现出持续的良好绩效吗？本书建立了针对上市衍生/裂变企业的数据库，并考虑不同中介与调节变量，对这两类企业分别进行了实证研究。③衍生/裂变企业的另一个典型特征，就是其网络化战略及其与母体企业之间的互动与合作。我们从对母体企业资源继承与创新角度设计影响衍生/裂变企业绩效的因素模型，并提出假设，通过问卷调查和统计分析进一步验证假设。④鉴于高校衍生企业在国民经济中的重要地位，我们专门研究了高校衍生企业，首先对影响高校衍生企业竞争力的因素进行全面讨论，也对衍生企业从高校继承来的各类资源对高校衍生企业竞争力的影响进行实证分析。在上述分析基础上，提出提升衍生企业绩效的相关政策性建议。

本书的主要研究发现为：①衍生/裂变的核心是对创业机会的开发与利用，这些创业机会既是被发现也是被创造出来的。从交易成本角度看，衍生/裂变可以减少有限理性束缚、降低机会主义行为风险和交易活动中的不确定性；从资源观角度看，母体企业的资源基础、不同组合及资源关联度都直接决定企业是否衍生/裂变；从企业家精神角度看，衍生/裂变可以作为内部劳动力市场来激发和释放组织内企业家精神和创业精神；从实物期权角度看，衍生/裂变可以使企业保持灵活性，并增加其未来的价值和绩效。因此衍生/裂变创业既是战略议题，亦是创业领域议题。本书通过对联想、华为案例分别进行了较为深入的研究，发现资源禀赋、结构、载体及关联程度、资源使用效率和市场机会强弱等因素，都直接影响和决定着衍生/裂变企业战略的竞争力。②衍生/裂变创业企业中的创业经验与企业绩效呈正相关性。本书首先分别就创业者相关行业经验、管理经验、创业经验、政府从业经验与企业创新绩效之间的关系，探讨了环境丰裕度和产业动态性在这一关系中所起到的调节作用；其次对异质性资源在创业者经验与裂变企业绩效的关系中所起的中介作用进行实证检验；最后对比分析了衍生与非衍生企业的绩效差异，并且引入不同的创新战略（探索型VS 开发型）和研发密度作为调节变量，探讨进入模式与企业绩效关系的变化。③影响衍生/裂变这类衍生企业绩效的关键因素既包括衍生企业自身的资源与能力（市场化战略），也包括蕴含的创业者社会网络中的关系型资源（网络化战略），以及母子体企业间的有效互动。实证研究显示，衍生/裂变创业企业的网络化战略与市场化战略都有助于提升创业企业的市场绩效，两者之互动在不同情境下对绩效有着不同影响。这其中，合作是创业者将个人关系网络转化为市场绩效和财务绩效的关键力量。④本书以上市高校衍生企业为对象，研究了衍生企业从母体所继承的不同类型的资源对企业绩效的影响，实证研究支持了资源继承水平有助于提升衍生企业绩效这一观点，并进一步显示了不同种类资源对于绩效的影响也有所不同。本书还选取典型高校衍生企业，以案例研究分析了企业家继承与创新的能力是如何影响到企业竞争力的。

到目前为止，衍生创业研究的对象基本都是以发达国家的企业为主，对发展中国家的研究尚显不足，本书在补充此研究方面是一个尝试。立足于厘清衍生企业这一现象及相关议题，本书开展了较为系统全面的研究，具有一定的创新性和理论意义，同时在我国背景下对这一问题的研究有助于我们更好地理解这一现象，并指导衍生企业绩效的提升，从而有着一定的应用价值。

目 录

第一章

导 论

创业企业的大量涌现是近些年来经济发展的重要特征，作为经济发展的一个重要动力，新创企业对于就业、创新和生产力的提高都有着显著的促进作用。根据一般观察，新创企业中有相当部分来自现存企业的衍生（spin-off）或裂变（spin-out）。一份最新的中关村创业者调查问卷显示，和中关村过去几轮的创业潮不同的是，这次的创业潮中，有国际大公司背景的管理人员和技术人才成了主力军，占到创业总数的47%，他们中既有从华为、腾讯这些大公司离职的创业者，也有谷歌眼镜的早期核心开发成员。

同样的故事在美国也不断上演。例如，在美国的半导体行业，包括Intel在内的诸多企业都直接或间接地从仙童半导体衍生或裂变而来，这类企业不同于其他白手起家的新创企业，其诞生及生存与创业者曾在的母体企业有着千丝万缕的联系，集中表现在它们可以从母体企业继承和获取资源，因此其创业成功率是其他创业企业的三倍之多（Moncada et al.，1999）。此类新创企业对于培育企业家精神、提供就业机会、提升区域竞争力和国家自主创新能力有着不容忽视的意义（OECD，2004），并逐渐成为创新经济发展的重要推动力（Tübke，2001）。因此，对此类不同模式新创企业的竞争力及其影响因素进行研究，不仅对相关理论的深化与完善有所贡献，而且对我国企业通过衍生以保持持续竞争优势，并由此增强整个行业和区域的创新能力，同样有着很强的实践指导意义。

衍生、裂变创业作为我国近些年来快速涌现的创业群体，尽管在创业形态上有所不同，但它们的一个共同特点就是创业者都有工作经验，并在先前的工作中积累了大量社会资本与管理、技术等资源。能否从原有企业中继承、转移有价值的战略资源，以及有效地开发前期积累的社会网络资源，是这些新创企业能否突破创业瓶颈、克服企业新生弱性（liability of newness）的关键。研究表明，衍生创业是新创企业的重要组成部分，约占到了欧盟地区新创企业数量的12.9%（Moncada et al.，1999）。在大多数情况下，这些拥有创业经验的企业家比白手起家的创业者更易创业成功，其新创企业也更具成长性和良好的绩效（Wright、Robbie and Ennew，1997）。

到目前为止，衍生创业研究的对象基本都是以发达国家的企业为主，对发展中国家的研究明显不足。通常情况下，衍生或裂变是企业发展到一定程度后的一种自然、自发形态。随着发展中国家和地区企业的不断成长壮大，有着丰富产业经验或创业经验的母体企业也会不断衍生或裂变出新的企业。例如，我国的很多企业，出于公司的战略考虑而主动进行衍生(公司内创业)，比如联想控股集团旗下的包括联想集团、神州数码、联想投资、融科智地等子公司在内的“联想系”，或者很多具有大中型企业工作经历的管理者，出于某种原因而离开这些企业实施裂变创业活动，比如深圳华为公司衍生裂变而成的“华为系”，在其广为人知的“华为基本法”的作用下，华为专业化的管理系统得到了业界的肯定。同时华为实行岗位轮换制度，促使管理者积累多项业务的管理经验，也为其裂变创业创造了可能。引人注目的是，华为多位高层离职创业，裂变形成多家技术型、管理咨询类企业，在市场竞争中不同程度地占有优势。在传统产业领域也有很多案例，如蒙牛公司。这种现象已经不再表现为一种偶然的特殊事件，而是在企业实践领域尤其是创业领域中呈现出逐渐增多的趋势。与其他类型的新创企业相比，这类创业企业由于先天的资源优势，在市场竞争中占据着显著的优势地位。因此，对这类创业问题的深入研究具有一定的理论和实践价值。

第一节 什么是衍生创业

一、衍生创业的概念

很多企业的创业经常以衍生或裂变的形式出现（Agarwal et al.，2004；Chatterji，2009；Klepper，2001）。但到目前为止，衍生创业尚未出现一个被广泛认同的定义。大体而言，我们将这些定义分为三类：衍生创业、裂变创业，以及两者的混合，也称为广义的衍生。

最初的研究大多倾向于较为宽泛的定义，Roberts（1968）最早观察到这样的现象：一些企业是由其他组织所启动的，并指出，大学是产生衍生企业的主要孵化器。Cooper（1971）随后研究了这个现象，但主要关注由企业衍生出来的新创企业。更广泛的衍生被界定为那些直接基于创立者以往雇佣经验和知识基础而建立起来的企业（Cooper，1973；Lindholm，1997）。

而有些文献则较为严格地区分了衍生和裂变，如Ito（1991）将衍生企业定义为母体企业在已有业务基础上有计划地分立出来的新企业，母体企业一般持有其部分而非全部股权，且基本不介入其经营管理。Klepper

（2001）提出衍生的动机也有可能来自母公司，并认为衍生是“母体组织有计划地设立新的企业”。与此相对，裂变则是指由企业原先雇员（即跳槽人员）创立独立的企业，即经理人员离开其原先就职的大型企业（Garvin，1983），所成立的与母体企业一般不存在股权联系的公司（Agarwal，2001），换种说法就是，由有着丰富工作经验的高层人员离职后创立的一种独特企业类型（Agarwal et al.，2004；张书军、李新春，2005）。以裂变公司所面临的决策环境和资源环境为基础，Muegge（2004）还提出了裂变创业的三个关键特征：①新公司是由先前在母公司工作的员工创立的；②新公司寻求将母公司发展或追求的新技术商业化；③母公司通过企业创业安排，向新公司提供知识产权的使用权，使新公司获得支持。显然，这里的裂变与衍生并无二致。

为方便研究，我们在本书中采取广义衍生的概念，将判定一家企业为衍生企业的标准归为“建立企业的原始理念是来源于创始者以前工作经历的企业”（Lindholm，1997），包含狭义衍生与裂变，或称为主动衍生与被动衍生。前者是由公司内部某单位分立出的独立公司，它与母体企业除去在股权上有明显联系外，在资源、能力上亦存在稳定有序的协同，我们将它称作衍生企业（类似于 Corporate Venturing），如由 TCL 通讯股份有限公司衍生出的 TCL 移动通信有限公司、由联想集团衍生出的神州数码等，这类企业的设立从本质上讲是母体企业整体战略的一部分；后者则是由企业原先雇员（即跳槽人员）创立的独立企业，与母体企业不存在必然的股权联系，我们将这类企业称作裂变企业，如港湾网络有限公司（由华为集团原副总裁李一男创办）、北京点击科技有限公司（由新浪网公司原首席执行官王志东创办）等。

二、衍生创业的分类

从衍生创业动因的角度进行分类，Lindholm（2000）按照衍生的驱动因素划分为重构驱动型衍生（Restructuring-driven Spin-offs）和创业型衍生（Entrepreneurial Spin-offs）。

重构驱动型衍生通常表现为母公司重构或组织重新聚焦的结果（Cornell，1998；Markides，1995），其有时表现为新企业的创造，有时表现为现有企业的剥离。Weston 等（1990）提出，母公司有时会将现有子公司的大部分股权分配给股东，此时并不产生现金流；而有时会将公司的全部或一部分卖给第三方，从而获得现金或安全保障。母公司通常会给这类衍生创业以积极的支持和鼓励（Ramu，1999；Sadtler，1997；Abburra et al.，1998；Block and MacMillan，1993）。这种衍生是一种自上而下的衍生，因为决策的根源及产生的动因在于母公司。

创业型衍生是受到一个或多个个体驱动，衍生创业者希望根据他们在母公司所掌握的关键经验来开发一个无人开发过的潜在机会（Tubke，2004）。这在高科技行业尤为常见，如半导体（Braun and MacDonald，1978）、磁盘驱动器（Christensen，1993；Agarwal，2004）和激光（Klepper and Sleeper，2000）等行业。Agarwal（2004）认为，这是一群特色鲜明的创业型企业，其公司创始人继承了行业母公司的知识，自主创业，成为行业的新进入者。而Chatterji（2009）则将其简单定义为由母体企业以往雇员创立的企业。Bhide（1994）提出，由于这类衍生公司在革新的最前线工作，因而可以利用其创建人在母公司任职期间发现并获得的知识，对母公司形成一种特殊的威胁。这种衍生是一种自下而上的衍生，因为决策的根源及产生的动因在于个人。

从母体企业类型的角度看，Lindholm（1994）将衍生企业划分为公司型衍生（Corporate Spin-offs）和机构型衍生（Institution Spin-offs）。这是最容易观察到和被理解的一种分类方式。顾名思义，公司型衍生是指来自企业的衍生（Moncada et al.，1999）；机构型衍生则来自公共机构、私人机构和大学（Otto et al.，1999）。Shrader（1997）则区分了独立衍生和公司衍生，认为两者的不同在于前者是由个体企业家们创建的新的独立公司，后者则由大公司发起和掌控。两者均是新公司，均由个体创办者根据他们在先前工作中学到的特有知识而创办，不同的是所有权的归属，后者仍由母公司掌控，前者则不然。

第二节 衍生创业的相关研究

与衍生创业相关的研究主要围绕以下问题展开：

一、创业者经验与衍生创业绩效

衍生企业往往被定义为母体企业的员工离职后创建的创业型企业（Agarwal et al.，2004），也被定义为个人或群体离开已存在的企业并在相关产业开展经营所形成的新企业（Neck et al.，2004）。作为一种独特的创业企业类型，衍生企业的创业者们通过在母体企业内的工作积累，不仅学习掌握到了大量的有用技能，还接触了对创业有着重要积极影响的社会关系网络（Chatterji，2009；Gompers et al.，2005），这种网络包括与母体企业、客户、供应商等企业或组织的社会关系。

大量研究显示，衍生企业比其他类型创业企业有着更好的企业绩效。Agarwal 等（2004）认为这类企业比其他竞争者具有更多的产业知识，这种在母体企业内积累而来的产业专用性知识通过影响新创企业的组织特性、竞争战略等，很容易转化为良好的企业绩效；Klepper 和 Sleeper（2005）发现，衍生企业通过利用在母体企业内所储备的技能与知识（尤其是技术诀窍），在市场机会开发方面处于有利地位，因而从长期来看将取得更好的绩效；Chatterji（2009）对高科技产业的考察同样显示衍生企业比其他产业进入者有更好的绩效。但进一步研究发现，这种良好绩效并非得益于从母体企业继承的技术性资源，而是受益于继承的战略、营销等非技术性资源。从更为纵向的视角来看，Phillips（2002）发现，与其他类型创业企业相比，衍生企业寿命较长，更容易在残酷的产业竞争中存活下来。上述研究均从实证角度说明了衍生是一种有效的创业模式，对新创企业的绩效有着积极影响。

衍生企业的一个典型特征就是，工作经验从母体企业到衍生企业的转移，这在宣布衍生的那一刻起就发生了（Arciani et al.，1997）。那么，因为这个特征的存在，衍生企业就“天生富贵”吗？换句话说，衍生企业就必然表现出持续的良好绩效吗？现有的文献对这个问题给出了竞争性的假设，一些学者从不同的角度给出了支持的意见。例如，Agarwal 等（2004）认为，相对于其竞争者而言，衍生企业的创业者凭借以往的雇佣经历，已掌握充分的行业特殊知识，这表现为帮助衍生企业获得更好的绩效。Gompers 等（2005）通过案例研究的方法得出结论，衍生创业者在以往的工作经历中学习到有价值的技能，并且在母体企业中获得有用的社会和财务网络。Klepper 和 Sleeper（2005）深入地钻研了这个继承关系，并且提出衍生企业从母公司继承了知识，这些知识塑造了衍生企业的组织、战略和绩效。在他们的模型中，母体企业的雇员获得关于创新、技术发展和市场机会的关键信息，并产生自行创新和利用机会的想法及行为。Klepper 和 Sleeper（2005），以及 Gompers 等（2005）认为，衍生企业因为从母体企业中获得的知识和技能而受益，并且长期绩效应该更好。张书军和苏晓华（2008）认为，衍生企业在利用创业者从母体企业（即创业前所供职的企业或机构）继承、转移来的行业专用性知识，以及积累的个人社会网络资源等方面有着显著优势，这又进一步显著提高了衍生企业的竞争优势，从而提高其绩效。

也有学者提出了相反的观点，从创业者经验的角度看，衍生企业创业者的经验也会产生负的效应——路径依赖。衍生企业创业者个体成长所具有的路径依赖效应，在创建衍生企业的过程中会有充分表现，创业者极大地依赖于以往的经验、技能和知识，使新创企业的战略、决策和行为极大地受到以往经验的影响。特别是在创业者过往的工作经历很成功的情况下，这种路径依赖会使得创业者过分依赖以往的经验，从而对市场机会的发现、识别和利用等产生不利影响。企业家容易凭借以往的经验做出行为和决策，也会忽视新的市场机会和环境发生的变化。而以往的管理经验会使得管理者采用固定的、很可能是不合时宜的管理模式，从而使得企业不能被高效地组织起来（Rerup，2005）。另一种可能性是企业家过去的经验是失败的，这些教训往往会束缚创业者的手脚，使其缺乏打破局面的魄力和勇气，从而出现失败引致更多失败这种具有“马太效应”的恶性循环。综上所述，创业的经验和企业的绩效并没有显著的关系（Sandberg and Hofer，1987），有时甚至会产生负面的影响（Van de Ven，1984）。

那么，以往的经验是否会对衍生企业的绩效产生影响？如果有，这种影响的内在机理又是什么？本书将结合我国衍生创业的商业实践对其加以检验。

二、衍生企业与母体企业的合作

衍生企业的另一个特征是与母体企业可能存在千丝万缕的联系，这种联系实际上正是衍生企业网络化战略的一种体现，而这种战略最终是通过合作来实现的。所以，本书的另一个重要问题就是，探寻衍生企业网络化战略对其绩效的影响，以及合作在其间所发挥的作用。

一些研究表明，适度的合作会有利于提高衍生企业的绩效。Parhankangas（1999）认为，分离后母公司—衍生企业的营销和分销合作密度会促进衍生企业的成长。Lindholm（1999）进一步说明，这是因为衍生企业将更容易获得顾客和市场；尤其在产品线互补的情况下，母公司可以表现为一个完整的系统供应商，而母公司和衍生企业都能专注于发展各自的相对优势；此外，由于两家企业都熟知对方，相较于不熟悉的企业而言，更容易建立合作关系。总之，由于衍生企业和母体企业之间的“天然联系”，相较于市场上其他竞争者而言，衍生企业更熟悉母体企业的运作和流程，更容易与母体企业进行沟通和协调，更容易运用从母体企业处获得的资源和帮助。一个平衡良好的合作能够保证母公司的利益，例如减少交易成本并持续获得衍生企业的产品或技术支持；也能够保证衍生企业的利益，例如通过获得顾客关系来促进自身成长（Ito，1995）。

当然，也有学者提出了另外的观点。例如，Moncada 等（1999）提出，母公司和衍生企业在分离之后，来自母公司的贷款在母公司—衍生企业的合作中扮演着重要角色，通常被用作创业型衍生企业最初三年的运营费用，对于衍生企业而言，它通常比银行贷款便宜，但也可能带来母公司施加压力或要求控制权的风险，从而不利于衍生企业的成长。Woo 等（1992）也认为，母公司与衍生企业分离后的合作，对于衍生企业最初几年的成长和创新都有重要影响，而这种影响很有可能是非积极的。Abburra（1997）和 Moncada 等（1999）提出，尽管分离后的合作存在一些潜在的优点，衍生企业必须注意不要过分依赖母公司，而导致其运营的自主权受到限制。对于小型的衍生企业而言，过分依赖母公司还可能导致三年之后难以获得更大的融资（Abburra et al.，1998）。而且由于衍生企业与母公司常处于相同的产业，二者都需要同质的资源，因而也存在竞争的关系。自发型衍生企业有时甚至还需要应对来自母体企业的报复行为（Tubke，2000）。

三、高校衍生创业

高校衍生企业，顾名思义，是指从高校衍生出来的企业（杨德林、汪青云、孟祥清，2007），是限定衍生母体组织的一种衍生企业，在理论上，其应符合一切衍生企业所具有的特性。总结前人的研究成果，我们将高校衍生企业定义为从大学这一母体组织出发，借助母体组织所拥有的技术、人力、政策支持、内外部风险资金等一系列资源和能力建立起来的新企业。在这个过程中，高校衍生企业往往与学校保持着正式或非正式的联系：企业所依赖的核心技术往往就是大学的科研成果；企业中的核心技术人员、甚至高层管理人员很多也来自大学；由于其有大学的背景，高校衍生企业更容易获得国家政策的支持、税收优惠、各项专用款的划拨，创立之初更容易获得风险资本投资机构的投资等。总之，高校衍生企业的衍生过程是通过不同群体成员的相互作用使大学的技术从母体组织转移到企业界，然后再转变成可以使用的产品或服务。

由于国外学术界对高校衍生企业的持续关注及其在国民经济中的重要地位，我们也专门将研究对象聚焦于此。在大学知识转移、技术商业化研究这一领域上，作为技术转移主要模式的高校衍生企业由于其在理论和实践上的巨大价值而备受关注。事实上，到了 20 世纪 90 年代，科研院所、高校的衍生企业已经成为学术界研究的热点（Wright et al.，2006）。从现有的研究来看，学者们普遍认为高校衍生企业作为“衔玉而生”的一个特殊群体（Chatterji，2008），从母体高校天然地继承了一系列战略资源，深刻地影响了企业的创建和发展，但现有研究鲜有考虑到衍生企业企业家能力的影响。事实上，很早就有学者指出，企业家的经营能力是决定企业边界的一个重要因素（Robert，1978），企业家的能力是完成创业工作并实现创业绩效所必需的能力要素的集合（杨俊，2005）。因此，我们将通过对相关研究文献的梳理，试图解析影响高校衍生企业创建及发展的主要因素，并在此基础上构建高校衍生企业影响因素模型，尝试从衍生企业发展的内在机理出发，识别企业家能力与衍生企业资源继承利用的互动关系，为高校衍生企业绩效水平的提高提供一定的理论与实践指导。

四、母公司衍生政策

许多母公司并不支持衍生企业的产生，他们担心好的雇员会离开。衍生带来的暂时混乱和无组织、培育潜在的竞争者等，都有可能成为母体企业反对衍生企业最常见的原因（Moncada，1999）。一些学者研究了母公司衍生政策对雇员创业决策的影响。Bhide（1994）通过对 1989 年成长最快的私人企业“500 强”中的 100 家企业的调查发现，创业者中的 71% 都是在以往的雇主企业中挖掘了创业的想法。当一个雇员发明了一项新技术或识别了一个新的创业机会，他可能选择透露给他的雇主，也可能选择隐瞒。Anton 和 Yao（1995）将这个决策模型化，并且将创新何时在母体企业中发展起来或衍生何时取得成果理论化。在他们看来，衍生的原因是企业与雇员之间的合约问题，而这些新创企业会定位于缝隙市场（niche market），并提供大量创新。Gompers 等（2005）提出，衍生创业有时是对母体企业刚性官僚主义作风的回应，即当母体企业不鼓励在核心业务之外追求创业机会时，创业型雇员会深感失落，进而离开公司创立自己的企业。Klepper 和 Simons（2000）认为这点是新创企业的重要来源。Hellmann（2002）进一步探讨了母体企业如何设计其激励机制，以影响雇员成为一个创业者。

另一方面，衍生也被作为一种企业战略而被采用。如果公司的衍生流程使得母公司和衍生企业对于金融市场而言更加透明，那么该战略就创造了价值（Krishnaswami and Subramaniam，1999）。Nadig（1992）认为，这是由于当衍生发生时，通过业务的正式分离，母公司和衍生企业之间共享的成本和收益也被消除了，因而创造了更大的透明度。此外，衍生战略似乎也能用于建立一个合适的组织结构来开发源于现有业务的新机会（Ito 和 Rose，1999；Ito，1995）。一些文献列举了优良实践（good practice）的例子，并为如何实施成功的公司衍生流程提出了建议（Choffray，2000；Miles and Woodrighe，1999；Schnee et al.，1998；West and Girardi，1998）。

五、外部环境

是否存在一定的外部环境会导致衍生活动更频繁地发生，也是学者们讨论的话题之一。Garvin（1983）研究了影响衍生发生频率的市场特征、行业生命周期、知识产权保护以及产品和行业成熟程度的作用。他认为促进衍生的外部环境应包括如下几个特征：一是人力资本是行业最珍贵的资源，生产设备很少需要大额的资本投资，因此受过培训的人出于竞争考虑，能够通过从其母公司窃取客户而很容易地建立自己的客户数据库（例如咨询行业）；二是多样市场空间的存在，小公司能从细分市场相对较窄的产品线中获益；三是统治性产品的缺乏，这会支持新产品的持续创新，以争取早日建立行业标准的可能性。Moncada 等（1999）发现，经历过重组的部门是衍生创业的温床（如电信、制造和能源部门），而服务部门中的衍生现象则不常见。

不成熟或不完备的市场具有如下适合衍生创业的特征：存在中度到高度的不确定性，从而保证了创造力和市场细分的存在；数目众多的潜在创新者，创造了新产品巨大的市场潜力；投资主要流向技能和研发能力，并对产品设计和效率产生深刻的影响。由于竞争潜力还没有被开发，而市场成长迅速，在这类部门中的已有企业对于与新进入者建立关系和合作更感兴趣。另一方面，成熟的市场大多都将衍生看作是受到重组或制度改变驱动的。缓慢的成长和标准产品设计带来的成本压力，使得企业构建更加精简的组织，并且淘汰掉非核心的业务。

在某些情况下，管制会影响活动部门的特征。在电信部门，有一些国家限制了市场参与者的数目，或者限定了某些产品的最低价格。在另一些部门，例如防御部门或环境技术部门，一些国家会提供相当可观的税收刺激或补助。管制或法律的框架能够在相当大的程度上改变市场或活动部门的特征。区分鼓励衍生企业与其他新创企业进入市场的环境，是十分重要的（Copper et al.，1994）。总体而言，成长快速或进入壁垒低的市场环境，可能会刺激新创企业以及衍生企业的产生。

第二章

衍生/裂变创业：理论比较与解释

第一节 衍生创业的理论解释

任何一种战略选择都反映了企业/个体的某个或某些动机，而这些动机则对应着不同的理论内涵，衍生创业现象（spin-off/spin-out）作为企业的一种战略选择，其在经济增长与区域发展中扮演了重要角色（Aagarwal、Audretsch and Sarkar，2007）。从个体层面看，衍生创业者或期望借助自身积累的行业经验来挖掘被忽视的产业机会，或期望通过创业来创造全新的产业机会，或期望以此来规避内部劳动力市场的低效率。从企业层面看，在日益激烈的竞争环境下，通过衍生实现业务的独立运作逐渐成为一种有效的创业战略。企业之所以分立现有的业务单元，或期望借此减少组织管理成本而又不彻底放弃业务，或试图借助一个独立运作的新组织创造更多战略资源，或是本着培育更丰富的创业精神而采取的一种激励政策，或作为企业具有高潜力但亦高风险性业务的一个发展平台，是一种进可攻退可守的市场进入战略。事实上，这些动机背后都蕴含着深刻的理论思考，我们针对衍生这一依托母体而存在的现象，将从交易成本理论、资源基础理论、实物期权理论和劳动力市场理论等视角挖掘并阐释其发生的动机及意义。

一、交易成本、契约环境与企业衍生

在实现业务活动的有效协调时，因为高昂的内部组织成本，企业往往会选择准市场交易——将某一业务部门衍生出来让其独立运作。受此独特创业机制的影响，衍生企业在保持独立自主经营运作权的同时，往往与母体科层体系仍维持着各种非正式关系或一定的股权关系。从这个意义上讲，衍生可以看作是介于科层与市场间的一种“中间组织”治理形式，它既避免了由母体企业对某业务完全控制而可能引致的低效率——独立性的缺失会大大遏制业务活动的创新性，又使母体企业得以规避纯市场交易中的不确定性——完全依赖于市场交易将使企业在协调业务活动时面临高昂的交易成本。

企业所处的契约环境也会影响母体企业衍生战略的实施。在不同国家（如美国、日本、中国），甚至同一国家的不同地区，创造一个衍生企业的成本也可能存在较大差异，如 Ito（1995）针对日本大企业集团较之于美国

企业有更多衍生行为这一现象进行了研究，认为在日本，企业衍生时母体企业与衍生企业达成合同的成本相对低于美国。换句话说，日本的商业环境提供了更加适合大公司实施衍生战略的条件。其经理人员离职率相对低、非正式和私人关系普遍存在、股东结构相对稳定、外部劳动力市场缺乏、文化同质性强，这些因素都减少了企业对于书面合同的依赖性，从而降低了衍生战略所必需的合同成本，包括资本、技术、人力资源和营销等方面的合同。而在美国，这种非正式联系相对较少，难以以较低交易成本实现母体与衍生企业间的良性互动和资源协同，所以美国母公司完全控股子公司的比例较日本更高。在中国，受要素市场与正式制度发育不完善、产业动态性变化特征显著以及网络化战略的影响，衍生创业成为诸多企业/个体应对外部环境因素的一种战略选择。从交易成本经济学的视角来看，这种选择反映了交易的经济特征及与此相关的市场交易成本。

二、资源效率、资源结构与企业衍生

仅仅以降低交易成本为出发点来审视衍生创业，一定程度上会使我们忽视衍生中的价值创造，毕竟从根本上来讲，与节流相比，开源是衍生企业更重要的目标。在这一点上，战略资源观从效率提升角度为企业衍生提供了强大的理论支持（Barney，1991）。循着资源基础观的逻辑，衍生企业可以看作是对于包括来自母体企业资源在内的所有资源的重新安排，企业的战略资源，特别是对于那些作为企业持续竞争优势来源、不易模仿和不易替代的资源，在不同企业间往往呈不对称分布（Barney，1991）。因此，是否拥有丰富的异质性资源储备成为母体企业能否有效实施衍生战略的前提。一般而言，资源禀赋充裕的企业实施衍生战略的概率更大，也更容易衍生出有活力的企业（Agarwal et al.，2004；张书军、李新春，2005）。例如，受雇于先进技术公司的员工有着更多接近有价值创业信息的机会，从而更可能创造出被动衍生企业，一些经验研究也从专利质量（以引用率计）入手，考察了企业资源禀赋水平与企业实施主动衍生战略间的关系，发现两者存在显著的正向相关性（Gompers、Lerner and Scharfstein，2005）。

而且即便是具有相似资源禀赋的企业，衍生发生的概率仍可能不尽相同，甚至会相差颇大，原因在于不同企业的资源结构可能存在差异。在多数情况下，资源不是独立地发挥作用，而是需要与其他方面结合起来共同完成某项业务活动的，资源的这种不易分割性导致企业中存在未被利用的

生产性机会，这是公司采取衍生战略的重要基础与前提。由于现有资源实现了一定组合，未进入这个组合的相对过剩的资源就构成了衍生的基础。有些企业现有业务之间的联系非常紧密，存在一定程度上的相互依赖，在这些资源已经高度组合的企业中，很少存在过剩性生产机会，所以较难实施衍生战略。而对于那些现有业务资源组合程度较低的企业而言，资源相互间的联系相对松散并且较容易被转移和继承，这时母体企业实施衍生战略的概率往往较大。

衍生决策的作出同时还取决于现有业务或产品资源之间的关联度，因为此战略的收益来源于企业各种专用性资产的范围经济，如果范围经济不存在，这些产品和业务的一体化就可能不会产生收益。如果一个企业可以在不用一体化的情况下获得同样的范围经济，则采用衍生战略可能会成为一种有效的治理模式（Ito，1995）。企业是采取衍生、出售还是设立全资子公司，同新业务与母公司的资源能力之间的关联度直接相关。当两者之间的相关度低，或母公司并不很关注新业务时，因为缺少协同作用，维持与新企业的关系并不会提高母体企业的竞争优势，母体企业可能会选择出售新企业；当新业务单元和母公司资源之间的关联度很高时，母体企业可能会选择全资持有；当新业务单元与母公司的核心资源之间存在着中等或潜在的关联度，加之新业务单元要求一个相对独立的实体来运作时，衍生企业可能就产生了（Ito and Rose，1994）。

三、企业家精神、内部劳动力市场与企业衍生

主动衍生战略也可以看作是母公司激励创新和企业家精神的有效方式。通过维系与母公司的关系，衍生企业可以将一个小企业的创业精神与大公司的资产优势结合在一起（Teece，1988），使规模较大、历史较长的企业亦能持续不断地孕育创新与企业家精神，避免组织惰性危及企业的长期发展。此外，衍生也是对部门经理进行的一种激励机制，以激励其提高对有关专用性资本的投资，从这个意义上讲，衍生不仅能吸引和留住高层管理人员这一有价值的资产，更有助于未来人力资源的培育（Hellmann，2007）。衍生企业高管对专用性资本的投资行为，会进一步带动其他利益相关者的投资，如此的良性互动，使衍生战略在新资源、新能力创造方面有着特别的贡献。

内部劳动力市场中的“分槽喂马”与“赛马分流”是理解衍生行为的另一个角度。由于衍生涉及母公司部分员工的重新安置，因此成为公司内

部劳动力市场的一部分（Osterman，1984）。一个发展势头良好的企业，往往拥有一批高素质的管理人员，但由于企业内部的晋升机会有限，这些人员彼此间容易产生非生产性竞争行为，从而对企业造成不利影响，表现为企业内部小集团势力划分、人才流失、生产效率低下等。在这种情况下，母体企业可能会选择衍生战略，通过分立出不同的衍生企业，在集团内部创造出一个有效竞争的劳动力市场和经理人市场，使那些有能力但在总部中又缺乏晋升机会的员工，在衍生出的新企业中担任重要的管理职位，使这些有才之士既不会因内部缺乏位置或恶性竞争而流失，又能给予其更大的能力发挥空间。这对于中高层经理职位较为有限的企业而言更是如此。自然地，企业衍生中的内部劳动力市场效应要得以充分发挥，还要求衍生业务在新建立的实体中必须比在母体企业内部成长得更快，否则这些原母体企业中的“过剩”员工同样会滞留在新的衍生企业内。换言之，衍生业务良好的成长前景是实现内部劳动力市场高效运作的重要基础。

对于一些创业者主动离开母体企业而选择裂变的企业，企业家精神在这个过程中得到了更为充分的体现。这些创业者选择创建衍生企业的原因很多情况下与其在母体企业内的状况相关，离开原企业进行创业的员工常常或因为自己关于创新或潜在市场的想法得不到支持，或因为看到了被母体企业所忽视的新技术机会，或因为母体企业内部管理不善而对先前雇主感到失望而离开（Garvin，1983）。衍生企业家会选择创建作为原企业供应商或客户的上下游配套企业，或者作为母体企业的同业竞争者从事类似或相同业务。主观动机只是决定衍生行为的充分条件，创业者拥有的人力资本和相关知识经验才是决定这种行为的必要条件和客观基础。大量研究支持了“企业家是组织产品”的观点（Audia and Rider，2005）。因为接近有价值资源的机会/权利可被视为竞争优势的一种来源，个体的就业经验为创立新企业、实现从员工到企业家身份转化提供了更大的可能性，这种在母体企业中积累的资源包括：创建新企业的自信心、各种关于创业机会的不同行业知识和信息、包含各种资源流动的社会网络等。当然，母体企业带给衍生企业的也不一定全是有益的影响，已有组织惯例与陈规（Nelson and Winter，1982）、既有主导逻辑（Prahalad and Bettis，1986）和结构惯性（Hannan and Freeman，1989）等都可能会阻碍企业家精神的培育和创新的实现。

四、实物期权、灵活性与企业衍生

企业衍生可以视为母体企业主动采取的一种基于实物期权的灵活性战略。实物期权是金融期权在有形业务上的一种延伸与拓展，主要用于理解不确定性条件下战略选择灵活性的价值。该理论以企业为分析单元，认为在高度不确定的市场环境中，通过初步的平台投资既能规避风险，又能把握市场机会，从而对企业竞争优势的获取有着重要意义（Argyres，1996；Kogut，1991；Kogut and Kulatilaka，1993）。之所以称为“实物”，是因为与金融期权不同，它涉及实实在在的有形投资。之所以称为“期权”，是因为企业在未来机会的选择上存在灵活性，这个权利可以行使也可以不行使，如果增长机会没有出现，企业的下界风险仅为初始投资，这部分可以视为沉没成本，也可以视为期权的购买成本；如果增长机会出现，企业则进一步投资，可视其为期权的执行。不难发现，实物期权理论事实上强调的是一个“等着瞧”的价值，这对于处于不确定环境下的企业而言尤为重要。

从实物期权角度观察衍生现象，母体企业在完成固定投资及承担相应的不确定性后，可以赢得将来战略选择的机会，这些选择包括新企业发展到一定阶段后是彻底控股还是放弃，或是保持现状，这种战略灵活性在选择是否衍生这一情境下有着重要价值。是否实施这个期权的标准就是该项业务与母体企业其他业务的互动水平，以及该项业务逐渐显现出来的市场价值等。这通常包括两种情况：①买入期权。当母体企业对于一项新业务或者新技术的前景并不明朗时，放在内部做往往会失败（Christensen，1997），它可能会尝试通过分立出一个新的单元来相对独立运作，这个新公司也可以通过获取外部风险资本的方式加快成长速度。这既为母体企业在做了部分投资后赢得了一个未来可能的增长机会，又避免了全盘投入时可能的损失。通过在有前景企业中保留一定的股权份额，等到这个新技术或新业务的前景变得相对明朗时，母体企业再回购大量股份，从而赢得对新企业的控制权。②卖出期权。当母体企业准备放弃一项旧的业务或者非核心业务，或者想要淡化那些有一定潜力但发展速度慢的业务时，直接将企业卖出去可能存在困难，因为潜在买家并不清楚这项业务的真实价值，通常会给出一个低于其实际价值的价格，从而出现典型的“柠檬市场”问题（Reuer and Koza，2000）。此时，通过衍生方式使潜在买家可以通过股权介入方式参与到该项业务中，来了解其真实价值，从而给出更合理的收购价格。通过给予交易方相应的买入期权和一定时间，让对方对该业务的真实价值作出合理的评估，从而使自身最终能以合理价格来退出该项业务，成功卖出期权。

五、组织进化与企业衍生

组织进化理论倾向于从演化角度分析组织的生存和发展，认为那些较弱的公司最终不能适应环境，从而难以存活。因此，在动荡的环境中，管理的使命就是生存和繁荣。以生态系统为例，现实中，没有任何生物能够永远活着，但通过产生分支却可以适应环境，使自身的生命得以延续。同样，通过衍生可使得包括股东、雇员、顾客等多方利益相关者的利益得到满足（Ito，1995）。由母体企业不断衍生、裂变而形成的“企业家族”是此类演化中的一种主要表现形式，如国内出现的“联想系”、“华为系”，以及美国硅谷众多企业所构成的“硅谷族谱”等。从母体企业转移知识和资产到新的衍生企业，使得整个“企业家族”得以长期生存和持续发展。在这个过程中，原来的母体企业和其他家族成员可能会不断消失，但一个“企业家族”却最终实现了整体的适应与存续。因此，衍生企业可以看作是母体企业寻求将整个“企业家族”价值最大化的手段，而非仅仅是自身价值的最大化。

尽管衍生过程有着明显的路径依赖特征，但衍生并非完全复制母体企业。在这一过程中，可能存在一些生物学意义上的“基因突变”，此种突变并非如自然界中生物繁衍那样难以自主选择和控制，母体企业往往拥有很大的空间和控制权来有意创造一些突变，从而在合适的条件下有效地完成组织衍生。一些学者称这种衍生类型为“突变型衍生”（Soderling，1998），具体指新企业在母体企业基础上增加了一些新元素，如新技术、新分销渠道、新市场细分等。除此之外还有基于同一市场、同一种产品或服务的克隆性衍生企业，这两类衍生企业都会与原企业直接形成竞争，可归为竞争型衍生企业；而与之相对应的是属于互补型衍生企业和分离型衍生企业。互补型衍生企业是指衍生企业通过成为原企业的供应商或者客户从而支持原企业的发展，或者通过向原企业的客户提供配套或互补产品和服务，从而增加其对原企业产品或服务的兴趣和需求。分离型衍生企业是指那些尽管创立时的部分要素是来源于原企业，但其与原企业没有任何关系。这些不同类型的衍生企业会相应地决定母体企业对待衍生或裂变企业的态度，包括友好、不关心或者敌视，从而决定母体企业对新创企业是否支持。

一般而言，互补型关系对于衍生企业似乎更为有利，但它也可能存在负面影响。这种持续支持有时会对衍生企业带来一定的负面影响，高度的关系专用性投资可能会降低衍生企业的创新意愿和能力，并使其受制于现有思维和行为方式，从而阻碍新观点、新惯例的开发和运用。所以，有时衍生企业家反而需要更强的企业家精神和能力、更高的冒险精神和更强的创新偏好，才能应对不确定性市场的要求。

第二节　衍生创业中的机会：发现 VS 创造

从战略的各个角度看衍生活动，尽管存在不同的解释，但它们有一点是共通的，即如何透过衍生使企业在特定的市场和产业环境中获得竞争优势，从这个意义上讲，衍生是企业寻求竞争优势的结果。衍生行为与现有企业（母体企业）的战略有关，因而是战略管理领域研究的课题，同时也与新企业的创立有关，因而亦是创业领域研究的课题。

与战略研究不同，创业学主要侧重于对创业行动中机会的研究，无论这种机会是别人没有发现或是开发不够的，还是事先完全不存在，必须通过一系列活动创造的（Alvarez and Barney，2007）。概括起来，对创业机会的阐释存在“发现”与“创造”两种主要观点。

一、创业活动的“发现”观与“创造”观

创业机会的形成与开发是创业理论研究的核心议题，从某种意义上讲，创业研究即是关于创业机会的研究（Shane and Venkatraman，2000）。最新的创业理论显示，创业活动中的机会主要来源于机会发现和机会创造，它们分别对应着创业的“发现”观和“创造”观（Alvarez and Barney，2007）。创业的“发现”观认为，机会是客观存在的，它们产生于外部环境的变化与市场的不完全，这些机会受外部冲击（如技术进步、消费者偏好变化）而自然产生，它们的存在是不以人的意志为转移的，是独立于个人努力而存在的，因此只能被发现。在“发现”观的逻辑中，创业的目的在于发现与利用这些被忽视的市场机会，发现者往往是那些时刻对创业机会保持“机敏”的人，这些机敏的发现者借助大量的市场信息、丰富与敏锐的行业经验，在熟练的营销、财务等专业资源的支持下，先于

其他主体开发利用市场中存在的机会，从而享有战略上的先动优势。概言之，“发现”观认为，创业机会是客观存在的，创业的环境存在着风险但并非不确定，这种风险可以通过大量的市场信息处理加以化解或降低，创业中所需要的资源也多来自各种专业化的供应者，能捕捉到市场机会的创业者往往是有着丰富行业经验的个体。

与“发现”观不同，创业的“创造”观认为，与其说创业者是“发现”机会，倒不如说他们是通过企业组织“创造”机会（Alvarez and Barney，2007）。在“创造”观的逻辑里，创业活动并非如“发现”观所强调的有助于促进市场趋于均衡，相反，创业是以破坏市场均衡为结果而出现的。在此过程中，创业机会不是等待被人发现的客观存在，而是源于人主观的创新能力。创业是在高度不确定性的环境中进行的，先前的工作经验对创业机会的形成或者起着积极的作用——任何创新都来自前期的积累，或者起着绊脚石的作用——经验使人形成思维惯式，变得缺乏创新精神。由于“创造”观中的机会是创业者行动的结果，创业过程中可能遇到的问题无先例可循，所需的人力、财务、营销等资源也多是无法通过市场采购而获得的，只能在过程中逐步积累。上述两种机会观——“发现”与“创造”——在表述上尽管显得颇为对立，但因适用范围明显不同而具有很强的互补性。机会发现更多地表现在对动态的市场环境变化作出快速反应，而机会创造则表现为主动地通过行动去创造一个全新的市场甚至产业。

二、衍生与机会发现

衍生创业很多源于对机会的发现，这类衍生更多的是相关性衍生，即衍生企业与母体企业在业务的横向或纵向维度上存在某种程度的协同。在基于机会发现的衍生创业过程中，影响机会形成的因素有的来自外部市场环境中的冲击——导致市场需求发生变化；有的来自内部组织能力的变化——导致市场供给发生变化。一方面，市场存在已知市场需求，但缺乏现有的供给去满足这种需求，具有行业经验的母体企业或母体企业从业人员通过衍生创立新的企业，创造出适应市场需求的供给——包括新的产品、新的服务方式、新的产品组合等。现实中属于该类衍生企业的有分众传媒等，分众传媒衍生自江南春先前创立的永怡传播公司，丰富的行业经验使江南春认识到，新媒体产业中孕育着未被满足的市场需求，如平均超过两分钟的电梯等待时间，通过衍生创立分众传媒，一个崭新的产品（或新传媒市场）——楼宇电视广告被创造出来。另一方面，母体企业有提供新供给的资源或现成的产品，但市场需求却尚未被培育出来，通过衍生创立新的企业也培育市场需求。同样的，行业经验在这类机会发现型衍生创业过程中发挥着重要作用，与白手起家的新创企业相比，衍生企业由于继承或转移了母体企业的部分技术与市场资源，在推进市场需求与供给的对接上占有优势，因而更易于培养需求。衍生自联想集团的神州数码就是这类企业中的一个代表。从20世纪80年代开始，联想集团就开始为金融、电信、税务等行业用户提供信息技术应用服务，并且有了丰富的技术积累，在前瞻性地看到信息服务业的巨大发展前景下，联想集团于2000年衍生创立神州数码，致力于IT服务业的市场培育与拓展，如今已成为国内最大的整合IT服务提供商。

从机会发现的角度来看，大企业由于受官僚层级性质的制约，通常只会选择支持低风险的活动，虽然这在事先可能有助于降低由专用性投资所引致的交易成本，但从事后来看，这种倾向会妨碍对市场机会的挖掘与把握，从而不利于长期价值的创造。将某项新业务作为衍生企业分离出来，作为市场机会开发的崭新载体，可以避免大企业的上述缺陷。同时，当这些市场机会的价值变得相对清晰时，母体企业可通过回购衍生企业的股份而成为其控股母公司，从而也能享受到小型创业企业的价值创造优势（Parhankangas and Arenius，2003）。此外，基于机会发现的新创衍生企业更可能发展为母体企业良好的供应商或客户，这是因为衍生企业拥有在母体企业内积累的专用性知识，并且很大程度上是基于母体企业资源发展而得以创立的，因而能更好地识别和满足母体企业的需求，也更有可能成为母体企业稳固的合作伙伴。此外，对曾在母体企业工作的员工而言，母体企业为他们学习与积累技术、生产、营销、管理等一系列知识提供了良好的平台，这些知识往往难以在短时间内重新培养起来，是那些白手起家的创业者们所无法获得的。

三、衍生与机会创造

在机会发现的逻辑中，当市场供给与需求有一方处于未知状态，这个未知方面即有待于创业者去进行机会发掘。借着母体企业的资源支撑和嵌于其中的丰富经验，衍生创业者在发掘这类市场机会上处于优势地位。但对于机会创造而言，由于供需状况皆不明朗，因而需要创业者有比他人更具有前瞻性的洞察力，这样才能创造出有价值的市场机会。在此情况下，对于衍生创业而言，母体企业的诸多资源和行业经验似乎对新企业均无法提供直接的支持，母体—衍生企业在业务上的协同效应不明显，如果存在某种协同的话，也多表现为财务上的协同。

当然，这并不意味着衍生创业在机会创造上毫无价值，事实上，除去有限的个案式白手起家型创业企业在机会创造过程中有着突出表现外（如盖茨创立的微软和陈天桥创立的盛大网络），更多的机会创造还是与衍生联系在一起的——尽管整体看来机会创造比机会发现在创业中出现的概率要低得多。例如，由马云创立的衍生自中国黄页的阿里巴巴即为基于机会创造的衍生创业的典型个案。通过创立阿里巴巴，市场供给（基于互联网的电子商务平台）和市场需求（众多中小企业对在更大平台上寻找买家与卖家的需要）被创造并对接起来。需要说明的是，这种供需间的对接是在创业过程中一点点创造、培育起来的，而并非如中间商般直接把现有供需连接起来。阿里巴巴之所以能在机会创造中有所作为，很大程度上是创业者的先前工作经验帮助其培养了一种特定的能力，即在不确定环境下决策的能力，这种能力通过创业过程得以展现，机会创造在这一过程中并非一开始就是清晰的，而是逐渐得以确认和培养起来的。从这个意义上讲，虽然衍生并不能必然地有助于机会创造，因为此种机会的经济价值是不确定的，创业者很难确切地知道应该整合和协调哪种资源，如何整合和协调资源，利用这个机会所产生的利润是多少等。但如果母体企业为创业者提供了一种能够根据少量的事实作出决策的经验，并使其对自己的决策结果保有充分的信心，那么由此母体衍生而来的新创企业就更有可能成为机会的创造者。

四、企业衍生：战略与创业视角的融合

衍生既是一种战略选择，也是一种创业活动。战略选择反映的是衍生中诸如母体企业业务重组、新业务培养等各类寻求竞争优势的考虑，以及个体创业者适应自身资源与外部环境因素的理性行动；创业活动则反映了衍生对各类机会的识别、发现与创造，如衍生可能在现有市场供给与需求间搭建了一座桥梁，也可能反映为在不确定环境中对市场机会的一种创造与培育。从根本上讲，衍生既有助于竞争优势的创造，也有助于竞争优势的维持，因而是战略与创业领域共同关注的话题，这两个领域的发展也使我们得以从更广阔的视角去阐释衍生创业问题。

战略理论与创业理论在基于机会开发与利用的衍生上有着几乎相同的

理解。这两种理论都视衍生为寻找其他组织尚未发现或开发之有利可图之机会，并借此实现价值创造/竞争优势。这些代表着一系列未被实现价值的创业机会，就其来源而言是多元性的，它们既可能像珠穆朗玛峰一样，并不依赖人的意志而存在，仅等待敏锐进取的人们去发现、挖掘；也有可能根本就不存在，需要人们发挥主观能动性去创造（Alvarez and Barney，2007）。在某些情况下，衍生创业表现为以战略性的观点执行创业活动，创业者致力于“辨识”外部环境中存在的最佳机会，然后通过战略性的企业规划行动来“开发”这些机会，以期实现价值创造的目的（Hitt and Ireland，2000），衍生创业过程的基本特征是“机会导致新的战略，从而衍生出新的企业”；在另外一些情况下，衍生创业表现为通过机会的“创造”而非“辨识”来执行创业活动，创业者追求价值创造是来自对其占有资源的重新组合与革新，而非来自对外部环境的关注，亦即强调创业的成功是来自主动的推力，而非来自外部市场（如消费者）或环境的拉力（Alvarez and Barney，2007），此种衍生创业过程的基本特征是“战略导致新的机会，从而衍生出新的产业”。

具体看来，在理解衍生这一创业行动时，不同的战略与创业理论表现为互为补充，且各有侧重。交易成本理论为那些本着节省成本的衍生创业行为提供了最传统的理论解释，但它与那些以创新为导向的衍生行为的内在价值创造的逻辑并不一致。资源观则恰好弥补了这一不足，对于那些以培育异质性资源来提升竞争优势为目的的衍生，它提供了丰富的理论基础，尤其是分析母体企业与衍生企业之间资源转移与继承、资源基础与衍生后企业成长等的关系，是目前很多研究者热衷的方向，且有着很大的发展余地。实物期权理论则捕捉了衍生的不确定性这一特征，将其与母体企业战略灵活性相结合，是企业期望通过承担不确定性来获取未来长期发展的一种战略投资，这与传统的放弃弱势业务、想方设法规避不确定性的管理逻辑有很大不同，自然也是未来可以进一步细化的方向。此外，组织进化论为衍生现象提供了生物学观点的初步解释，尽管二者有一定的可比性，但将二者融合起来尚需进一步考证。而从创业角度切入衍生企业的分析，将衍生与不同的创业机会性质（比如创造理论与发现理论）相联系，或将其与其他类型的创业，如白手起家等创业类型加以对比和分析，也越来越受到创业与战略学者的关注。

第三节　衍生战略竞争力影响因素

以下分析也将立足于上述理论基础，特别是资源基础理论，因为它给我们提供了一种着眼于未来价值提升的分析视角，符合衍生或裂变等创业企业的特点。衍生与裂变战略往往与母体企业的资源特征存在着紧密联系，主要体现在以下几个方面。

一、资源禀赋与衍生创业

企业的有利竞争优势及超额回报有赖于能否通过差异化或成本领先等战略创造出一个不完全竞争的产品市场。产品市场竞争的不完全性是由战略要素市场竞争的不完全性决定的（Barney，1986），因而企业拥有的异质性资源（表现为有价值性、稀缺性、难以模仿性和难以替代性）构成了其竞争优势的内生来源（Barney，1991），这包括物质资源、人力资源与组织资源。物质资源包括了如企业中使用的有形技术、厂房设备及原材料，人力资源包括了各类员工个体所具有的经验、判断力与社会关系，而组织资源更多地体现在企业的正式与非正式计划、控制与协调制度等。一般认为，这些资源在企业间是呈不对称分布的，特别是对于那些作为企业持续竞争优势来源、不易模仿和不易替代的资源更是如此。因此，一个企业要想有效实施衍生创业，首先要看自身是否拥有丰富的异质性资源储备。研究显示，资源禀赋充裕的企业实施衍生创业的概率要大于资源禀赋不充分的企业，前者也更容易衍生出有活力的企业（Agarwal et al.，2004；张书军和李新春，2005；苏晓华等，2006），因此这类企业更倾向于采取衍生创业。

二、资源结构与衍生创业

即使拥有相似资源禀赋的企业，在为衍生提供的支持力度上仍可能不尽相同，原因在于这些资源的结构会存在差异。有些企业的现有业务之间联系非常紧密，且在一定程度上相互依赖，某一项业务的分立无法系统地带走这些已经高度结构化的资源，将某一业务与企业的其他业务完全隔离开存在很大困难，所以对于此类企业来说，衍生创业将难以实施；而对于那些现有业务资源结构化程度较低的企业来说，资源相互间的联系非常松散，并且较容易被转移和继承，这时母体企业实施衍生创业的概率往往较大。因此，资源结构化程度越低的企业越容易实施衍生创业。

三、资源载体与衍生创业

一个发展势头良好的企业，往往拥有一批高素质的管理人员，但由于企业内晋升机会有限，这些人员彼此间容易产生非生产性竞争行为，从而对企业造成不利影响，表现在企业内小集团势力划分、人才流失、企业生产效率低下等方面。这个时候，母体企业可能会选择衍生创业，通过分立出不同的衍生企业，创造出“公司内部劳动力市场”（Osterman，1984），以重新部署母公司的高层管理人员。从这个意义上讲，公司衍生也是针对部门经理所采取的一种激励战略（Aron，1991），因为对母体企业而言，由于经理位置的有限性，使得一些后起之秀难以找到合适的位置，通过衍生出与母体企业保持一定联系的新企业，从而在集团内部创造一个有效竞争的劳动力市场和经理人市场，使这些有才之士既不会因内部缺乏晋升机会或恶性竞争而流失，又能找到更大的能力发挥空间。Ito（1995）通过对日本大企业集团的研究证明了上述观点，他进一步认为这种衍生逻辑是有条件的，即衍生出的新企业应比其在母体企业内部成长得更快。因此拥有较多高素质人力资源而又相对缺乏晋升机会的企业，在新业务增长快于母体企业原有业务的情况下，更容易实施衍生创业。

四、资源关联程度与衍生创业

新业务与母公司核心能力之间的关联度决定了企业是否采取衍生创业的形式（Ito，1995），具体可以分为以下几种情况：①当两者之间的关联度低、难以形成范围经济时，或当母公司经理并不很关注新业务时，因为缺乏协同作用，并且监控成本较高，维持与新企业的关系并不会提高母体企业的竞争优势，这时母体企业可能会选择出售新企业。②当两者之间的关联度很强时，会表现在技术溢出、管理技巧、客户关系、员工管理等各方面，此时母体企业可能会选择全资持有方式，因为这种组织形式会通过监控和协调不同的业务单元来提升企业的竞争力，形成完全的范围经济。③当两者之间存在着中等或潜在的关联度，加之新的业务单元要求一个相对独立的实体来运作时，母体企业可能会实施衍生创业，这时母子公司间会形成一定的范围经济。这种情况下，母体企业会选择与衍生企业在股权上保持一定的联系，但在经营上给予衍生企业足够的空间，因为其过多的控制会弱化新生企业的创新精神。综上分析，当新业务与母公司核心能力之间的关联度相对适中时，更容易采取衍生创业的形式。

五、衍生创业有效性的影响因素

一般而言，衍生企业越具有竞争优势，衍生创业的有效性越好。相比于跳槽人员创立的裂变企业，主动衍生企业对母体企业资源的转移和继承会天然地享有一些优势。被动衍生企业与母体企业没有股权上的联系，难以系统地分享到母体企业的资源，也更难以在后期持续地从母体企业获得资源，甚至有时还会因与母体企业竞争范围重合而引起恶性竞争；与之相反，作为母体企业整体发展战略设计的主动衍生企业，它不仅在分立时会得到母体企业的帮助，在后来的发展中依然可以从与母体企业持续互动中获取资源。并且由于母体企业的一些资源是经过较长时间在企业内部建立积累起来的，包括大量缄默性知识和经验，这些往往难以通过市场购买取得，因而对于新衍生企业而言更加珍贵。

以上分析并不意味着主动衍生创业就一定能够成功，能否有效地吸收与利用所继承的资源才是更为关键的，这既是对新生企业的考验，同样也是对母体企业战略选择能力的考验。如果新生企业在获取与保持这些资源方面的能力不足，则母体企业的衍生创业意图往往难以很好地实现，这包括以下几方面：首先，新生企业难以从母体企业继承真正有价值、稀缺、难以替代及难以模仿的异质性资源，而只是继承了一般性资源，或孤立地继承了母体企业的某种或某几种缺乏互补性的资源，也即继承的资源结构不够系统，难以实现资源的协同作用和衍生创业本身的意图。其次，衍生企业企业家精神不足，继承来的资源无法通过发现新的资源要素进行组合，使得新企业业务只是母体企业业务的翻版，衍生中的创新精神得不到体现，因而难以实现新企业的快速成长，不利于衍生创业意图的实现。因此，衍生企业对母体企业资源特别是异质性资源的利用和继承水平，以及在此基础上实现新资源组合的能力，与衍生创业战略有效性之间有着正向关系。

由于衍生企业并不是百分之百为母体企业所拥有，因此并不会完全站在母体企业的立场上去考虑问题，它们在很大程度上仍是有着独立利益的主体，如果与同一母体衍生的其他企业间存在业务重叠，彼此之间的竞争就在所难免。一般而言，一定范围内的良性竞争对于母体企业而言可能会有益处，而当这种竞争超过一定限度逐渐激化时，衍生企业间便会相互争夺资源甚至互挖墙脚，从而使得母体企业最初实施衍生创业的意图难以实现。因此，由同一母体衍生出的企业间的业务重叠度与母体企业实施衍生创业的有效性之间呈负相关。

六、衍生创业的案例研究：以联想为例

本部分以联想控股集团（以下简称联想）为考察对象，借助二手资料和实地调研、访谈等手段取得的相关信息，对上文所提出的观点加以初步验证。之所以选择联想，是因为它在自成立以来的20多年时间里，较为成功地实现了衍生创业。

（一）联想的衍生创业及其有效性

联想的前身为中国科学院计算技术研究所新技术发展公司，1984年由计算技术研究所投资20万元，吸纳11名科研人员创立的。经过20年的发展，至2004年，联想控股的总资产达198亿元，员工人数18 000人，营业额425亿元，税后利润13亿元。从联想成立至今，通过在不同时点将有前途的业务分立出去，产生了一系列衍生企业（见表2－1），这些企业尽管在股权上与联想控股存在密切联系，但却都是独立运作的经济实体，如衍生出的神州数码于2001年6月1日在香港成功上市，成为一个独立运作的公司。

实践证明，联想的衍生创业在很大程度上是成功的，不仅联想控股的业绩逐年递增，其衍生企业在市场竞争中也都不同程度地占据着有利地位。到目前为止，已有两家衍生企业——联想集团、神州数码分别于1994年和2001年在香港联交所主板成功上市。其中，神州数码连续两年和IBM、HP一同被评为中国IT服务市场的前三名，并先后荣获“中国企业信息化500强”、“国内最具影响力的IT服务品牌企业”等称号，现已发展为国内第一的IT产品分销商，同时也是国内最大的专业系统集成商和知名的全线网络产品供应商，而联想集团作为最成功的衍生个体，自1996年以来连续九年位居国内市场销量第一。2003年，联想台式电脑销量全球排名第五。至2004年3月底，联想集团PC的市场份额已连续十六个季度在亚太区排名第一（除日本外），在2005年5月更完成了对IBM个人电脑事业部的收购，标志着新联想集团成为全球个人电脑市场的领先者。

表2-1　联想控股的主要衍生企业

衍生企业	衍生时间	联想控股的持股比例	前　身	主要负责人
联想集团有限公司	1984	45%	联想电脑	杨元庆
神州数码控股有限公司	2000	51%	联想科技、联想集成、联想网络	郭　为
联想投资有限公司	2001	80%	联想投资事业部	朱立南
志勤美集科技物流公司	2002	51%	联想进出口公司	李　勤
北京融科智地房地产开发有限公司	2003	80%	联想科技园公司	陈国栋
北京弘毅投资顾问有限公司	2003	51%	联想控股投资事业部	赵令欢

资料来源：作者整理

除联想集团与神州数码外，其他衍生企业也在市场竞争中有较好的表现，充分显示出联想衍生创业的有效性。如联想投资目前管理两只基金，资金规模超过一亿美元，重点投资于运作主体在中国以及市场与中国有关的具有高成长潜力的公司，已投资的项目包括上海华虹、科大讯飞、卓越网、中讯、光桥科技等企业。公司连续三年（2001—2003 年）入围“中国最具实力的 50 家风险投资公司”前十强。而融科智地目前已成功开发了深圳研发大厦、上地联想大厦、融科咨询中心 A 座等地产项目，此外还有 200 多万平方米的土地储备，已成为联想控股重要的支柱产业。建立在原联想进出口有限公司基础上的志勤美集，是目前国内唯一一家专门向 IT 市场提供第三方物流服务的供应商，目前已在深圳、香港和上海设立了物流运作平台，在 2005 年成为国内首批物流 A 级企业，是联想控股未来重要的增长点之一。弘毅投资则以基金管理公司的方式运作，由联想控股作为发起人，以其投资事业部为基础设立，主要投资于成熟行业，已成功吸引了美国高盛、香港新鸿基、新加坡淡马锡和 Enspire 等国际著名投资机构的参与，资金总额超过 10 亿人民币。

不难发现，作为联想衍生创业的产物，上述企业的业绩表现说明了衍生创业的有效性。在联想看来，之所以采取衍生创业的形式，一方面是借助其他投资者获取更多的财务资源、技术资源与管理资源，但更重要的考虑还在于发展新生业务，正如联想集团董事长杨元庆指出的，那些具有良好前景的新业务（如 IT 服务），在当前阶段的管理模式以及所需要的资源和联想还有一定差距，需要通过新机制发展这些业务，这个新机制就是衍生。这种衍生创业的实施及有效性的保证是与联想内在的资源属性、特征存在密切联系的，笔者将结合前文所提观点在下文进行详细讨论。

（二）联想的资源特征与衍生创业检验

联想自 1984 年成立以来，在计算机科学领域不断推陈出新，积累了丰富的技术资源。例如，1985 年联想推出“联想式汉字系统”用以解决微机的汉化问题；1995 年，首次在新机型方面开发出与世界同步的“联想奔月”系列；2005 年推出中国首款自主研发的安全芯片“恒智”等。作为技术资源最典型的表现，联想的专利申请总数截至 2002 年 10 月已达 815 项，在 2004 年又新添 300 多项发明专利，已初步形成具有自主知识产权的核心技术体系。此外，联想还建有 47 个研发实验室，在日本、北京、深圳和上海建有多个研发中心。

在资源管理方面，联想根据企业和市场发展特点，逐步建立起了一套较为完善的管理体系，积累了丰富的管理资源。例如，联想和 CRG 咨询公司合作，参照该公司的国际职位评估体系开展了岗位评估，推行“适才适岗、适岗适酬”的管理模式，建立起有联想特色的人才评估和激励机制；联想集团实施了 SAPR/3 系统，构建了联想供应链管理（SCM）系统、ERP 系统、研发系统和客户关系管理（CRM）系统，并实现了各系统间的相互集成，从而使整个公司的管理都处于一个信息化平台之上。凭借优异的管理能力，联想在 2003 年《亚洲货币》第十一届“最佳管理公司”的评选中，获得“最佳管理公司”、“最佳投资者关系”和“最佳财务管理”等评选的第一名，为联想在更大范围内运用其优秀的管理资源提供了保障。

联想的资本资源在发展中也得到了迅速增值。1984 年，联想初创时只有资产 20 万元，到 1994 年时，联想的总资产达 12 亿元，营业额 47. 5 亿元，税后利润 1. 4 亿元；2004 年，联想的总资产达 198 亿元，营业额 425 亿元，税后利润 13 亿元。充足的资本为衍生创业的实施提供了强大的物质保障。联想同样培养出一批非常优秀的管理和技术人才，从最初的柳传志、倪光南、李勤等老一辈的创业者到后起的杨元庆、郭为、朱立南等年轻一辈，他们不仅有着扎实的技术，并且在长期实践中也积累了丰富的管理经验，在其所负责的领域都能够独当一面，这是联想能够不断创新、实施衍生创业和获取竞争优势的最宝贵资源之一。此外，联想的品牌和市场美誉度等资源，也是联想控股实施衍生创业的前提条件。例如，2004 年联想品牌荣获“中国 500 最具价值品牌”排行榜第四名，评估价值达 601.65 亿元。

联想拥有的这些丰富的异质性资源，为其成功实施衍生创业提供了前提条件。正如柳传志所说的，联想长期运作积累的品牌号召力、资金实力、企业管理经验以及人力资源优势，使控股公司有可能在其他一些行业尝试“复制联想”，衍生出一系列像神州数码那样的优秀企业。

从衍生出来的企业看，除了与原联想主营业务重合度高的联想集团和神州数码外，其他都是与 IT 业务联系相对松散的非主营业务，包括投资、物流、房地产和信息安全等公司，这些业务有着自身的经营特点与发展规律，并且已具备一定的基础，将其从主流业务中分离出来有利于其进一步壮大。另外，联想在资本资源、人力资源、营销渠道等有形资源及品牌、管理经验、企业文化等无形资源上的积累，使得范围经济有可能在一定程度上形成。因此，尽管联想控股衍生出来的企业从事的业务各不相同，但可以通过共享上述的共性资源实现一定的范围经济。

如前所述，联想成长过程中积累了一批优秀的人力资源，除了联想集团董事长杨元庆和神州数码总裁郭为外，还包括联想投资总裁朱立南、融科智地总裁陈国栋以及弘毅投资总裁赵令欢，上述几位被认为是联想“五驾马车”的领军人物。其中杨元庆和郭为作为联想的重要人物，更一直被称作“联想少帅”，两人都在工作中积累了丰富的经验，熟悉联想的整体运作和企业文化，在管理风格上亦各有千秋，都能独当一面，但两人在原联想集团内的上升空间却日益狭小。通过实施衍生创业，两人被分别派往两个相对独立的公司任总经理，这无形中创造出竞争性的内部经理人和劳动力市场。正如业界评价的，这是联想控股集团总裁柳传志“分槽喂马”战略的体现，有利于更直接地激励两个管理团队的积极性。后来衍生出的联想控股仍然是基于这种考虑，比如联想投资的总裁朱立南在 1996 年时曾因内部空间不足而萌生自主创业的想法，最终被柳传志劝回并承诺给予其舞台，这才有了成立于 2001 年 4 月的联想投资。外界对此评价是“因人设事”，但在笔者看来，这其实也是在公司内部创造出经理人市场的一种有效方式。

当然，联想控股在选择进入新的领域时，也是由于主业 IT 业务的风险日益增高，竞争也越来越激烈，而这时创业投资、房地产和物流都有着更为可观的利润率。这说明衍生创业是状态依存性的，即当新生业务比主营业务的增长相对更快时，母体企业较容易实施衍生创业。

从母体企业与衍生企业的业务关联度来看，联想投资“偏重 IT 领域，兼顾非 IT 领域”的宗旨使得其与母公司业务之间存在一定的关联度，故而适合采取衍生创业；但联想集团、神州数码与母公司的主营业务高度相关，母公司却并没有采取完全控股的方式；而弘毅投资、志勤美集、融科智地等企业，与联想的主营业务间的关联度相对低，但也采取了衍生创业。所以通过案例，我们只是部分验证了讨论中所描述的那种情形，即当新业务与母公司核心能力之间的关联度相对中等时，母公司较容易采取衍生创业。而关联度或高或低的情形，与前文分析的并不一致。

在联想衍生出的企业中，由原联想公司的某一个或某几个部门独立出去而成立的企业占了绝大多数，这些企业不仅继承了联想的一些同质性资源，如资本及厂房设备、办公场所等，更是不同程度地转移或继承了相对异质性的资源，如技术、管理经验、品牌等。从联想衍生出的企业大多具备如下优势：有资金实力，有联想的知名度为依托，有深厚的文化积淀，有从母体企业中培养和积累起来的管理经验和行业经验，而这种异质性资源正是这些衍生企业区别于其他企业的独特之处，这在衍生企业的创立与发展过程中起到了非常重要的作用。除了所继承的资源外，这些衍生企业还能够将所继承资源和新的要素加以整合，如弘毅投资与世界著名的风险投资巨头合作，联想集团收购 IBM 的 PC 事业部等，这些都不仅仅是简单的规模上的扩大，更是将对方在投资领域和 PC 领域的经验、技术、品牌、渠道等资源整合起来的一种做法，从而为衍生创业的成功奠定了基础。

联想当初选择衍生联想电脑和神州数码时，主要是依据软件、硬件的业务区别，制造业和服务业的区别来实施的，相对应的衍生创业定位分别是：联想电脑继承母公司的 PC 主业，主要做 PC 生产、销售，以及电子商务和集成的硬件，业务方向类似于 IBM；神州数码继承母公司的分销业务，代理国外品牌的国内市场销售，重点是为大行业提供应用解决方案和应用软件，走 EDS 路线。但在后来的业务调整中，二者不约而同地把 IT 服务提到了主要位置。如，联想电脑为“打造 IT 服务航母”，收购汉普咨询公司，与甲骨文合作，进军 ERP 业务领域等，并在不到半年的时间里快速收购广州智软、中望等公司，全面进军 IT 服务市场，在金融、电信、电子政务等领域全面开花；神州数码则同台湾鼎新合作，成立神州数码系统管理公司，专攻国内ERP市场，还投资近3亿元成立上海研发中心，收购金融、电信和税务相关行业的应用软件发展商，在一年之内接连成立管理系统公司、软件公司和易政公司，成立软件外包事业部、电脑系统事业部等。除了在IT服务领域的业务竞争，两家公司在手机生产和PC制造领域也都有不同程度的业务重叠。到2004年，衍生初期业务规划已完全失去了约束力，联想电脑和神州数码的业务重叠部分越来越多、越来越明显，竞争也更加激烈。从实际业绩来看，这种竞争并未带给这些衍生公司和母公司什么好处，联想电脑在IT服务领域的业绩不容乐观，神州数码也开始出现较大规模的亏损。2004年，联想集团进行了重大战略调整，重新回归PC主业，至此两家衍生公司的冲突才开始淡化，而我们也可以从中看出衍生业务重叠带来的弊端。

第四节 裂变战略竞争力影响因素

一、资源禀赋与裂变创业

我们可以观察到，在同一产业内竞争的企业，有的企业获得的仅是市场生存权，取得一般水平的回报，它们的资源在特性上一般表现为有价值但并非稀缺，也不是无法模仿和难以替代的；而有的企业获得的则是持续的竞争优势，取得超出一般水平的回报（有的学者将其定义为各种租金如理查德租金、垄断租金及熊比特租金等），此类企业的资源具有产业范围内的稀缺性、难以模仿性和有价值性等特征。因此从一般层面上考察，企业间竞争力的差异及租金创造能力上的差异从根本上看是企业所拥有的异质性资源禀赋的差异，因为这些战略性资源在回应市场机会、规避市场风险以及价值创造上为企业提供了超过竞争对手的能力。仅从简单复制现有企业创立一个新企业的角度来看，资源禀赋好的企业在复制企业上成功率要远远大于资源禀赋差的企业，这是现有企业市场竞争检验所证实的，也是古语“龙生龙，凤生凤”在企业管理领域的体现。因此，相比于一般资源禀赋的企业，资源禀赋程度高的企业给裂变成功提供了更大的可能性，因而也更有可能发生裂变创业。

二、资源结构与裂变创业

与上面衍生分析提到的相似，即便具有相同资源禀赋的企业，它们在为裂变创业提供的资源支撑条件上也不尽相同。例如，对于一个资源高度组织化的企业而言，裂变创业是比较难以发生的，因为不同资源分属不同的主体，其组合模式已形成组织惯例，资源只有有机地结合在一起才能产生合力，也只有行动一致地从母体企业分离到裂变企业中才能促进裂变企业的成功，单个资源或有限资源的独立裂变是无法产生价值的；而对于一个资源高度集中在某些主体上的企业而言，裂变创业就比较容易发生，因为几个主体的流动完全可以带走大部分资源。这事实上是和企业分工密切联系在一起的，分工越精细的企业，裂变越不容易发生；相反，一个多项关键资源同时掌握在几个个体上的企业，裂变就越容易发生。因此，资源结构化程度越低的企业越容易发生企业的裂变。

三、资源主体与裂变创业

不同资源在企业竞争优势的创造与维持上有着不同的作用，我们参照 Agarwal 等人（2004）的研究，将企业的战略资源分为技术型资源与市场拓展型资源，前者指企业开发新技术、进行产品创新或流程创新的资源，后者则包括了将技术商品化的能力、市场机会的把握等管理资源。无论何种战略资源，对于个体来说，越接近它们，裂变创业的动机就越强，创业成功的可能性也就越大。这是因为，对关键资源的接近有助于对资源价值进行更客观的评估，也对市场机会有更清晰的判断，因而有着异质性的信息优势，同时在资源禀赋充裕、市场竞争力强的企业的工作经验，也为裂变个体提供了良好的市场信誉，进而降低了创业中的不确定性，间接地降低了裂变的成本（Burton et al.，2002）。因此，掌握企业战略资源的高层管理人员与技术人员实现裂变创业的可能性要高于一般管理人员与技术人员。

四、资源使用效率、激励与裂变创业

正如以上提到的，企业较高水平的资源储备能力为裂变创业提供了充分的机会，但这并不意味着裂变会必然发生，将这种潜在的可能性转变为现实性还有赖于现有企业能否比潜在裂变企业更有效地利用组织的资源，也有赖于现有企业是否为组织的异质性资源载体——个人，提供了激发内部企业家精神的机会。当技术型资源或市场拓展型资源或两者在企业未能被充分挖掘并给予足够激励时，这将降低关键资源占有者的积极性，导致员工的满意感与忠诚度降低，进而导致企业员工的跳槽和企业裂变（Benkhoff，1997），原华为公司员工创立的上海沪科公司就是典型例子。尽管诸多企业采取了股权激励等方式对战略性资源的占有者实施补偿，但企业与个体在对资源价值评价不一致时，特别是外部创业的潜在收益超出了这种补偿时，裂变创业就比较容易发生。冯玲等（2001）对49家商业裂变型企业进行的调查显示，33%的企业是由于“在母体组织自身的价值、才能不能得到体现”而创业的，92%的企业认为“发现某项技术成果的商业机会”是独立创业的驱动因素。由此，我们认为，对于资源禀赋充裕的企业而言，裂变创业是状态依存的，当外部存在充分的创业机会且资源潜力未能得到充分利用时，裂变创业较容易发生；反之，如果战略资源占有者的价值得到充分挖掘与补偿，即便独立创业是可行的，但裂变创业发生的可能性也将大大降低。

五、一个综合的裂变创业模型

高水平的资源禀赋储备只是为裂变提供必要的条件，如果这些资源同时呈现出非组织化特性，资源可以随着人员的流动相对便利地转移出去，并且战略资源的载体具有较强的企业家精神，就使裂变具备了可行性。但裂变发生与否还会受到资源的使用效率、补偿强度与市场机会的制约，而这些又构成了裂变的促成条件。只有资源在企业外部能产生更大的价值并且资源占有者通过裂变可以获得更丰厚的补偿时，裂变才是理性的选择。一个简单的资源—裂变创业关系模型可以通过图2－1表现出来。

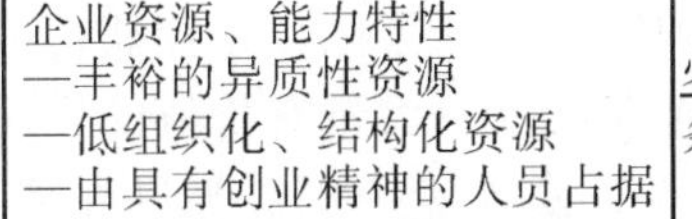

图2－1　资源—裂变创业关系模型

资料来源：作者整理

六、裂变创业有效性的影响因素

以进化的观点看，良好的母体企业产生的裂变企业多是优良的，但这又受到裂变企业对母体企业的资源，特别是有价值的异质性资源继承水平的影响。如果裂变企业继承的资源能具备有价值、稀缺、难以替代及难以模仿等特性，则其一创业就能获得超出其他创业企业的竞争优势，特别是如果裂变企业继承的是母体企业未能有效利用的、能带来竞争优势的资源，那它将获得更强有力的竞争优势；反之，如果无法对母体企业有价值的资源加以继承，即便裂变创业发生，也无法赢得市场竞争优势。

给企业带来竞争优势的战略性资源往往是长期积累的结果，企业无法期望通过拔苗助长的方式来快速地将它们建立起来，这是由资源的累积效率、时间压缩的非经济性、资源的相互关联等特性决定的。在 Dierickx 和 Cool（1989）看来，这些特性使得异质性资源往往难以通过市场购买取得，而必须经过较长的时间在企业内部以建设和积累的方式获得。从这个意义上讲，缺乏从业经验的个体是无法获得必须经历过程才能培养出的资源的，因此，在母体企业的工作经验使裂变创业者在对缄默知识、社会网络等异质性资源的掌握上比非裂变创业者更具优势，而在一般性资源（如资金、简单人力资本）的动员能力上，完全可以通过要素市场的交易来取得，裂变与非裂变创业企业在这一点上有着相同的进入权。建立在一般性资源与异质性资源组合基础之上的竞争优势对于二者而言有着显著不同。有关研究也表明，与非裂变创业企业相比，裂变创业企业有着更强的市场生存能力与竞争力（Agarwal et al.，2004）。

事实上，裂变企业并非全部都具有较强的市场竞争力。一个裂变企业能否获得有利的竞争态势在很大程度上是由其资源继承的水平与结构决定的。如果裂变企业只是从母体企业中继承或模仿了一般性资源，则与非裂变企业相比，这种裂变仅仅在形式上而非在内容上有所不同，企业获得的多是竞争均势；相反，如果裂变企业从母体企业继承了大量有价值的异质性资源，则初始水平相对较高的资源供给为企业赢得竞争优势提供保障。资源继承的结构同样也是重要的，系统性地继承母体企业战略资源能够实现资源的协同作用，使资源的价值得到有效挖掘，而孤立的某一种或某几种资源的继承往往面临着互补性资源供给的缺乏，如一些技术人员跳槽创立的企业可能由于缺乏相应的管理能力而使技术资源价值大打折扣，与那些系统性的资源继承企业相比，自然也就缺乏竞争优势。因此，裂变企业对母体企业资源，特别是异质性资源的继承水平与企业的竞争力之间有着正向关系。

七、裂变创业的案例研究：以华为为例

本部分以华为技术有限公司（以下简称华为）为考察对象，借助二手资料和实地调研、访谈等手段取得的相关信息，对上文所提的观点加以初步验证。之所以选择华为，是因为它自成立以来的20多年时间里，出现了大量裂变创业型企业。华为成立于1987年，主要从事通信网络技术与产品的研究、开发、生产与销售，专门为电信运营商提供光网络、固定网、移动网和增值业务领域的网络解决方案，是中国电信市场的主要供应商之一。

（一）华为的资源禀赋特征

据国家专利总局统计，华为是中国申请专利最多的企业，专利申请量连年高于100%增长，年度专利申请量突破1 000件。目前华为累计申请专利3 462件，其中的85%属于发明专利，发明专利申请量居国内企业之首，获得专利授权686件，申请PCT国际专利和国外专利426件，是发展中国家中申请PCT最多的公司之一。在近三年内，华为还获得四项国家科技进步奖，包括一项一等奖，三项二等奖。从这个意义上讲，华为拥有丰富的技术资源，而其中的诸多技术又是独占性的（如专利），这为它竞争优势的获得奠定了坚实的基础。

华为同时也拥有大量高品质的管理资源。1996年，华为把公司的愿景、使命和制度等，通过高管人员访谈、专家学者咨询等方式进行整理，经过两年多的努力和八次修改，于1998年最终形成了广为人知的“华为基本法”。基本法的重要贡献在于总结、提升了公司成功的管理经验，把分散的管理资源通过统一共识这一平台加以整合，将华为的管理纳入到制度化的轨道，也为在日后引进专业化的管理系统打下了基础。从1997年起，华为又开始系统地引进世界级管理咨询公司，建立与国际接轨的基于IT的管理体系。在集成产品开发（IPD）、集成供应链（ISC）、人力资源管理、财务管理、质量控制等诸多方面，华为与IBM、Hay Group、PWC、FhG等公司展开了深入合作。例如，2000年与IBM公司合作进行业务流程重整和华为的Intranet建设，通过IPD的设计，打破了原有以部门为管理架构的模式，转向以业务流程为核心的管理模式，同时也合作建立和优化了集成供应链（ISC），以提高满足客户需求的能力；华为于1999年引入Hay Group公司作为人力资源的管理咨询顾问，建立了任职资格体系、职

级架构、薪酬体系和员工素质模型；在 FhG 的帮助下重新规划和优化了生产工艺和质量控制过程；在 PWC 和 IBM 的协助下，进行财务中流程、制度、监控和编码的四统一，健全了华为的财务管理制度。经过多年的管理改进与变革，华为的管理资源无论在质量上还是数量上都处于业界前列，在创造华为差异化竞争优势上发挥了重要作用。

华为资源的组织化程度在高层与一般员工层次上有所区别。对于高层人员，华为实行岗位轮换制度，并且规定没有周边部门工作经验的人，不能担任部门正职主管，以此来鼓励管理者积累多项业务的管理经验，并促进部门之间、业务流程各环节之间的协调配合。为了防止个体占有太多的市场资源以形成垄断，华为还规定，市场部区域经理的任期为两年，两年之后，原则上要调换到另外一个区域市场工作。事实上，华为的这些举措，大大提升了个体的资源储备水平，个体所掌握资源的系统性程度较高，从这个意义上说，资源在高层组织化的程度较低，即高层人员的流动会带走大量的组织资源。对于基层人员，华为则采取了相对严格的资源隔绝制度，规定不同部门之间严禁相互打听消息，执行严厉的“最小授权”原则，员工如要接触任何与自己正在做的工作不直接相关的材料，都必须获得特别审批。从这一点上看，组织资源在基层员工中是分散化的，组织化程度较高。不同载体所拥有的资源禀赋程度对于裂变创业的发生显然是有影响的。

（二）从华为裂变出的企业

在过去几年中，从华为裂变出了数十家公司。我们选取了 12 家有代表性的华为裂变企业作为分析对象（见表 2－2），研究前文提出的资源禀赋程度、资源使用效率、资源继承等在裂变创业中的表现。从表 2－2 可以看出，由华为裂变的公司可以分为两类：一类是技术型企业，包括与华为一体的配套企业或代理商［如尚阳科技（中国）有限公司］、通讯产品制造商（如深圳市钧天科技有限公司）等；另一类是管理咨询类企业，包括管理咨询公司（如益华时代管理咨询有限公司）与其他服务性企业（如立卓言翻译公司）。

表2-2 华为裂变企业与资源继承

裂变企业	裂变时间	主要创业人员	原华为职务	在华为占有的主要资源
港湾网络有限公司	2000年	李一男	常务副总裁	技术与管理
深圳市格林耐特通信技术责任有限公司	2001年	刘 平	研发部副总裁	技 术
尚阳科技（中国）有限公司	2002年	陈 硕 毛生江	副总裁 网络产品部总经理	技术与管理 技术
深圳市钧天科技有限公司	2003年	黄耀旭	高级副总裁	技术与管理
深圳市顺粤电子有限公司	1993年	韩致舜	研发部副总经理	技 术
深圳市美亚通讯设备有限公司	1996年	李武军	市场部经理	技 术
深圳市贡智科技有限公司	2000年	张永杰	数据通讯部项目经理	技 术
深圳市思捷达企业管理咨询有限公司	1999年	胡红卫	管理副总裁	管 理
汉华企业管理咨询有限公司	2001年	聂国良	常务副总裁	管 理
益华时代管理咨询有限公司	2000年	张建国 何晓利	副总裁、人力资源部总监 人力资源部高级经理	管 理 管 理
立卓言翻译公司	1999年	张 晓	合同文档中心职员	管 理
南京源动力营销管理咨询公司	2003年	程静海	培训二营主任	管 理

资料来源：作者整理

（三）华为裂变企业的资源继承

两类由华为裂变的企业尽管在资源继承属性上有所不同（以技术继承为主和以管理继承为主），但它们在从华为转移资源为自己所用这一点上却是一致的。如港湾网络有限公司即由华为原常务副总裁李一男一手创立，这个公司有着太多的华为印记。李一男在华为有“CTO”之称，是华为的绝对技术骨干，这可以从他在华为的工作经历中看出：由于卓越的技术能力，李一男在1993年进入华为的第二天便被提拔为工程师，两个星期后晋升为主任工程师，半年后任中央研究部副总经理，一年后升任中央研究部总经理，1994年被任命为总工程师和中央研究部总裁，带领数千名科研人员，开发出几十项具有世界先进水平的技术成果及产品。在1997年，李一男晋升为华为主管研发的副总裁。李一男之所以能成为华为副总裁，除了其突出的技术能力外，他在管理上的才华也是重要的原因，作为华为最年轻的董事会成员，他对华为管理层面的运作有着重要影响。在华为积累的丰富技术与管理资源成为李一男离开华为创业最重要的资本。李一男离开华为，带走了依附在他身上的诸多华为资源，包括技术资源与管理资源，除去自身，他的离开也导致了华为众多资源的离开，其中有不少资源加入到裂变的港湾网络中，如港湾网络副总裁彭松此前的身份是华为公司国内市场主管副总裁，负责产品的常务副总裁路新是华为技术数据通信部原总经理。此外，港湾网络的开发体系与销售体系核心团队也基本上以原华为员工为主。类似的企业还有深圳市钧天科技有限公司，华为原高级副总裁黄耀旭在离开华为创立该企业时，除了带走他在华为十年之久的经验外，还带走了包括华为南方研究所所长在内的近30名员工。

由华为原常务副总裁、华为电气（安圣电气）总裁聂国良创立的汉华企业管理咨询有限公司是个典型的管理资源继承型裂变企业。聂国良在华为工作期间建立了华为电气的研发管理体系、营销管理体系和人力资源管理体系，积累了丰富的管理资源。在他创办的企业中也汇集了大量的原华为的资源：如资深顾问陈志强曾在华为公司有近五年的中高层管理经验，担任过多个业务部门的总监；资深顾问朱光辉在华为先后担任过研发总体技术办副总经理、研发文档中心主任、研发信息中心主任、研发计划处副总经理和研发流程优化处主任，承担过多个研发项目的管理工作；资深顾问张健在华为有八年的研发管理实践经验，曾担任华为系统财经部部长，作为核心骨干建立起了规范的研发财经管理体系，有丰富的技术背景和技术管理实践经验。公司的其他核心成员如汪伟、李海华、刘永辉、李爱新、李立秋、董奎、曾强等均在华为有多年的工作经验。和汉华咨询相似的华为裂变企业还有益华时代管理咨询有限公司，该公司主要创建者为华为原副总裁张建国，他在担任华为副总裁、人力资源部总监期间，负责建立了华为公司的薪酬制度、绩效考核制度、职业化行为标准体系、培训体系、招聘评价体系等人力资源管理体系，有着丰富的管理经验，而随他而去的华为员工何晓利、张小文、陆学彬、李子明等人也都是华为原人力资源领域的骨干人员。

从某种意义上讲，港湾网络、钧天科技、汉华咨询等公司并非简单地从华为继承了资源，而是在继承中转移了资源，因为一般的继承意味着母体企业（华为）仍然保留这些资源，但转移却是资源在企业间的重新分配，是个此消彼长的行为。对于华为而言，如何控制资源的转移是其面临的重要问题，尽管这已不是我们要讨论的范围了，但通过这个问题我们可以进一步强化上面的讨论，即这些从华为继承且转移了异质性资源的裂变企业将有更大的机会取得有利的竞争位势。

（四）华为裂变企业的竞争力

上述12家华为裂变企业在市场竞争中都占据着不同程度的有利位势。如港湾网络2003年的销售额达10亿元，比2002年增长122%，2004年销售收入实现20亿元，已成为国内一流的ADSL设备供应商及以太网交换机、VDSL设备供应商，在同类产品市场上有着较强的竞争力；再如格林耐特2003年实现销售收入8 000万人民币，它的xDSL产品在国内市场的应用已经超过了50万个端口，以太网交换机的应用更是超过了80万端口，已成为中国互联网宽带设备市场的主流供应商之一。其他技术型企业如尚阳科技、贡智科技等也都具有较强的市场发展潜力与竞争力。对于如益华时代等管理咨询型裂变企业，由于它们可以提供从商业实践获得的管理咨询服务，在管理服务市场竞争中具有明显的优势，如益华时代曾为华为、中国南方航空公司、TCL集团股份有限公司、美的集团、中国电信、华侨城集团、联想集团等企业提供了不同种类的管理咨询服务。

八、小结

衍生创业作为企业成长过程中一种有效的业务培养战略，已被我国越来越多的企业所接受，该战略的适用性及有效性受到母体企业资源禀赋水平、资源结构、资源特性等因素的影响，其意义主要体现在为新生业务提供一个更独立的运作空间、为管理团队提供具有高度激励导向的内部劳动力市场，以及实现资源在不同业务间的协同效应等。我们通过理论分析阐述了衍生战略得以有效实施的条件，并结合联想个案对相关观点进行了初步验证。研究发现，具有丰富异质性资源的企业为衍生战略提供了更好的资源供给，因而更有可能实施衍生战略；而在企业资源间联系相对松散，或者资源潜力未得到充分挖掘，以及企业拥有较多高素质人力资源而又相对缺乏晋升机会时，母体企业的衍生战略更具有可行性。此外，对衍生战略有效性的验证也发现，衍生企业的资源整合与创新能力，以及与母体企业业务重合程度对该战略的有效性将有不同影响。需要指出的是，企业主体业务与衍生业务在核心资源上的共享尽管对衍生战略的有效性有所影响，但对企业是否采取衍生战略并没有显著影响，换句话说，在企业是否选择衍生战略，以及对选择后战略效果的影响上，业务间核心能力共享的程度所扮演的角色有所差异，二者之间的关系可以作为下一步研究的一个方向。当然，对于衍生战略这一崭新现象，本研究采用的是个案分析法，尽管这对揭示新生事物有一定价值，但在研究结论的普适性与科学性上仍存在不足，还需要更大规模的经验研究来加以补充。

对华为个案的分析说明了企业裂变创业与母体企业资源关系是状态依存的，不能想当然地认为资源禀赋水平高的企业一定会带来更多的裂变，更为客观的考察还需要考虑资源的结构化、组织化水平与资源的载体因素。由于缺乏更为详尽、深入的资料，对具体的企业裂变动因还无法给出确定的回答，但笔者通过对几位从华为主动离职人员的访谈及从其他媒体所获得的信息，了解到华为裂变企业有两种不同的风格：一种是了解华为在做什么，并且知道华为在做的事情中什么没做好，然后把它完善起来形成竞争力，如港湾网络有限公司；而另一类则了解华为没有在做什么，并从中找到市场机会，形成自己的竞争力，如深圳市格林耐特通信技术责任有限公司。事实上，前者是与前文提到的资源的利用效率有关，而后者则与前述的市场机会有关。不难发现，这事实上从侧面为我们所提出的状态依存观点提供了支持。通过对 12 家华为裂变企业目前市场竞争位势的考察，我们似乎发现了资源继承与企业竞争力之间的某种正向关系，对文中观点有间接的解释效用，但这种关系的科学验证还需要通过对裂变创业企业与非裂变创业企业竞争优势的比较才能实现。由于受资料的限制，我们还无法全面地整理出一个裂变自华为的“华为系”，因此也无法全面地评价华为裂变企业的市场竞争力，也未能对裂变与非裂变企业进行竞争力差异的比较，因此我们仅是一个探索性的研究，进一步研究需要关注的问题还包括裂变企业学习能力与提升企业持续竞争优势之间的关系等。对裂变创业企业持续竞争优势的分析涉及企业的学习与创新能力，因为影响企业持续竞争优势的是一组系统资源，与母体企业的后期互动与持续地获得、创造有价值资源成为企业赢得持续竞争优势的关键。资源继承水平高的企业由于具备了更好的学习平台，企业资源再吸收的能力强，在自主创新、学习方面也有着显著优势，面对纷繁复杂的市场机会时，企业能较好地把握，对关键资源的识别能力也明显优于其他创业企业。这个问题的考察对从动态角度分析裂变、资源继承、学习及企业持续竞争优势之间的关系将有重要意义。

第三章

衍生创业：经验、环境与绩效

从衍生企业创业者经验的角度来看，衍生企业的一个特征是，工作经验从母体企业到衍生企业的转移，这在宣布衍生的那一刻起就发生了(Arciani et al.，1997)。而创业者先前的工作经验是支持创新活动得以顺利实现的一种重要资源。Agarwal 等（2004）认为，相对其竞争者而言，衍生企业创业者由于过往的雇佣经历，会掌握出色的行业特殊知识，这对他们进行机会识别、合理配置资源以及获取外部资源具有积极作用，在从事创新等战略活动上也享有一定的先天优势。

同时，我们也应该注意到问题的另外一些方面：①创新是项具有不确定性的活动，往往要求一种开放的思考态度，而衍生创业者可能会因为先前的经验而形成固定的思维范式或固化的认知方式，从而阻碍创新(Rerup，2005)；②衍生创业者由于先前经验的影响可能使新企业采用已有技术，导致新企业的创新锁定在已有的、非优的、低效率的创新活动上，阻碍更好的、更优的、可替换的产品或技术的发现和创新，使得创业者的经验成为创新的阻碍因素（Arthur，1993）；③衍生创业者的先前经验可能使其对艰苦的工作、冒险的项目缺少动力，缺乏创新的积极性，或者偏执于以前成功或失败的因素，而这些因素并不适合新企业，从而使先前经验阻碍现有的创新活动（Wright、Robbie and Ennew，1992）；④衍生创业者也可能会过分依赖先前的网络关系，从而被束缚在先前的网络关系中，降低企业建立新关系、寻求新资源的意愿和能力，而新关系或新资源往往也是创新的来源之一（Agarwal et al.，2004)。从以上分析可知，创业者的经验与衍生创业的企业创新绩效之间的关系存在不确定性。

基于以上分析，本章拟以创业者经验为基础，探讨创业者经验与衍生创业的企业创新绩效之间的关系，以及环境丰裕度和产业动态性是否对两者关系具有调节作用。本章通过综合运用资源基础理论、创新理论以及创业理论等，一方面注重理论研究，对文献进行回顾和梳理，并在此基础上提出相关研究假设；另一方面，借助深圳证券交易所中小板上市企业数据以及第八次全国私营企业抽样调查数据，对相关理论命题进行实证检验。

第一节　创业者经验

创业者经验一般是指创业者在以往的工作过程中获得的感性和理性的观念、知识和技能等（MacMillan，1986），创业者经验中的大部分技能和知识来源于创业者的日常工作活动以及与别人的沟通交流（Power and Lundmark，2004）。经验的获取过程高度依赖先前情境，通过对先前碰到的事物或信息不断地学习和吸收，转化为个人的知识和技能（Starr and Bygrave，1991）。有些经验是能以资料、法则、说明及手册等形式展现的显性知识，它们能以文字与数字来表达，可以随时在个人之间正式而有系统地相互传送；而有些则是隐性的，创业者只有在学习和实践过程中才能领悟这些信息和知识（Starr and Bygrave，1991），这些构成了创业者的隐性知识（Polanyi，1983）。这些隐性知识无法用刻板的公式表达，很难与别人分享或转移，是创业者的一种独特资源。另外，个体由于学习能力、领悟能力的差异，创业者从先前工作生活中获得经验的多寡也会存在不同，对同样情境的认识也会不同，每个人都会形成独一无二的“经验曲线”（MacMillan，1986）。有些经验是有价值的，不可转移、不可复制且不可替代，是企业竞争优势的来源之一（Barney，1991）。

一、创业者经验与资源

（一）创业者经验与资源识别

资源基础理论使人们认识到企业资源对企业绩效的重要作用，从而使企业间的竞争从产品市场竞争转移到生产要素市场的竞争。企业在产品市场上的表现差异是由于其在生产要素市场的竞争力不同造成的，当企业的资源同时具有有价值、稀缺、难以模仿和难以替代四个特征时，则这种资源就成为企业获取和保持竞争优势的源泉（Barney，1991）。为实现企业的创新战略或发现创新活动，需要明确创新所需的资源（Starr，1990），因为资源是创新的源泉之一。创业者进行创新需要了解“资源库”中现有的资源，即创业者要了解自己的资源禀赋以及企业所拥有的初始资源。

在此过程中，创业者可以把资源分为三类：物质资本资源（Williamson，1975）、人力资本资源（Becker，1964）和组织资本资源（Tomer，1987）。很多学者已经指出，创业者经验是企业的人力资本（Becker，1964；Penrose，1959；Amit and Schoemaker，1993；Grnat，1991），能够在企业之间移动，人力资本随着工作变动过程而进行转移，这个过程是知识溢出的主要动力之一（Almeida and Kogut，1999），也是创新绩效的影响因素之一。很多学者对创业者经验作为企业的人力资本进行了研究。研究发现，先前的雇佣经验或创业经验为个体提供了发展其技能的机会，使其在之后的职业生涯或创业过程中获得了较高的绩效（Burke et al.，2005）。这就意味着，个体现有的人力资本状况是他们先前活动的结果，因此，创业者先前经验对个体现有人力资本禀赋起着很重要的作用（Becker，1964）。

以往研究发现，行业经验、职业生涯和创业者的教育经历对企业绩效具有显著的影响（Storey，1994；Nielsen，2001；Schutjens and Wever，2000）。创业者先前经验除了识别资源、机会本身特性之外，也能帮助创业者评估和识别资源潜在的供应商（Brush，2001），尤其对那些留在同一行业内的创业者，行业经验往往使其更有优势（Klepper，2001；Agarwal et al.，2004）。

（二）创业者经验与资源获取

创业者经验除了对个人自身拥有的基本资源（教育、经验、声誉、行业知识和管理技能等）具有影响作用之外，其先前形成的声誉、能力、行为以及其他人力资源也是企业获取外部资源的重要决定因素（Brush，2001）。

外部网络关系是先前经验的另一个重要产物，通过先前经验形成的网络关系，创业者可以从外部获取资源。创业者并非是孤立的个体，他们通过教育、家庭、工作、合作等与外部联络形成一定的外部关系网络（Bruderl and Preisendorfer，1998；Pennings et al.，1998），而这些网络关系能够帮助创业者从中获取资源，使得企业更有效率和竞争力（Malmberg and Maskell，2002）。

创业者经验与资源的关系在衍生企业表现得较为明显。创业者利用先前经验中形成的旧关系与新建立的关系相比，老关系网络可能更容易被使用。但是经验形成的关系网络可能对企业的创新绩效有正向或负向的影响（Granovetter，1985）。创业者使用先前网络关系可能较容易获取创新所需的资源，使创新绩效提高。此外，如果创业者过于依赖先前的网络关系，可能会被束缚在先前的资源来源和资源整合方式上，从而降低企业寻求新创意、新资源的意愿和能力，使企业创新绩效更低。

（三）创业者经验与资源配置

企业资源在未被整合之前大多是零碎的、未经系统化的，要发挥资源的最大化价值，使其产生最佳的效益，就必须对各种资源进行整合，实施重构，并将有价值的资源有机地整合起来，才能使获取的资源合理有效地配置到效率最大化的地方去。创业者通过先前的工作、教育等经历能够学习到这些技能，这些经验镶嵌在创业者个体身上，能够随着创业者个体进行资源转移。

对企业现有资源的配置以及企业初始资源和吸引资源的重新组合等都不是简单的绑定，创业者必须正确地评估企业内部以及外部环境，结合实际，对资源进行管理和配置。创业者先前的行业经验、政府经验等对资源识别评价以及资源获取都具有积极作用，而且从先前经验中学习到的管理、组织以及协调技能对资源配置也具有积极作用。

二、创业者经验与创新绩效

（一）创新、机会与创新绩效

目前，无论是在企业层面还是地区层面，学者对创新进行了很多研究，但对创新的定义似乎还没有一致的看法。由于研究者研究情境和研究方法的不同，创新有着多种不同的定义。但归纳起来，创新的定义基本包含了创意、改进和不确定三个共性。我们采用 Gordon 和 McCan（2003）关于创新的定义，即创新是一种具有新奇、改进以及不确定性三种特征的商业活动（Gordon and McCan，2003）。辨别创新和创造的不同很重要。创新不仅包括新机会的发现（即创造），而且必须使创造产生经济价值。为了能使创造成功地经济化，创新必须包括改进或组合环节，因为创新过程具有很多不确定性因素，使得创新绩效也很难预测。

创新绩效一般是指对企业技术创新活动效率和效果的评价。正如 Drucker（1993）的研究认为，创新绩效是对企业技术创新结果的综合反映，因而很难对其明确界定。国内外学者虽很少明确界定创新绩效的概念，但乐于探讨不同创新类型对绩效的影响。企业创新绩效是指由于产品创新或过程创新活动带来的企业绩效的提高（Ari，2005；Vincent，2005）。产品创新、过程创新和服务创新可以用来衡量创新绩效（Betz，1993；Tidd，1995）。

（二）创业者经验与创新绩效

创新的不确定性特征是创新的一个特点，即企业层面的路径依赖。企业的创新绩效很大程度上由先前的创新活动决定（Pavitt，1984；Chiaromonte et al.，1993）。创业者为了规避企业创新过程中的不确定性，会依赖先前的经验以及先前积累的能力（Teece，1998）。这些经验和能力具有独特性，不能在市场上自由获取（Fransman，1998）。创业者可以从以往同一行业市场或技术经历中获取必要的专业知识，获得行业的核心技能，以及锻炼识别内部信息（行业知识）的能力，这种能力使创业者发现机会并规避创业过程中出现的风险，有利于创新的成功。因此，我们认为企业的创新绩效与创业者的经验具有一定的关系。当然也有学者指出，以往的经验可能有利于创业者发现并利用机会，但同时也可能不利于发现和利用机会（Rerup，2005）。下面将分别介绍创业者不同经验对创新绩效的影响。

1. 相关行业经验与创新绩效

相关行业经验是指创业者从先前所在组织中获得的关于技术、产品、市场、顾客等知识和技能。相关行业知识和技能不一定非要从行业内获得，类似行业也能够获得行业知识，如上游供应商、客户、替代品生产商等都可以获取行业经验。行业专有经验存在三种类型：与同行业的经验、从相关行业获取的经验和作为使用者获取的经验。

以往学者对于行业经验的研究，在衍生创业研究中比较普遍。一般认为，衍生企业是由处于同一行业的个体离开原来企业而成立的新企业（Gavin，1983；Klepper，2001；Knight，1988；Dahl et al.，2003）或大企业的裂变企业（Tubke，2004）。研究发现因为创业者先前行业经验以及与母体企业的联系，衍生企业的存活率较高（Dahl et al.，2003；Klepper，2001）。另外，创业者在相关行业内从业，可能建立了一种声誉，该声誉有利于创业者初始投资资本以及企业成长融资资本的获得（Stuart and Sorenson，2003）。

2. 管理经验与创新绩效

管理经验是个体在各种管理领域获取的经验，其中包括销售/市场管理、R&D、生产、财务和行政等领域的管理经历（Li and Zhang，2007）。经验作为学习的一个重要来源，一方面创业者在各种管理领域的经验使创业者在该领域具有相关技能并可能成为领域专家；另一方面，现有管理经验与未来相关技能和知识的获取也息息相关。Keeley 和 Roure（1990）的研究发现，管理者的管理经验与新企业成长绩效呈正相关关系。

大量研究表明，创业者的管理经验影响了其如何定义和分配组织职位（Phillips，2005）。创业者在创业过程中，必须建立组织及其运作规则，并亲自参与创业的管理活动。一般而言，创业者的工作大部分与组织、管理公司和员工有关（Brudel et al.，1992）。另外，创业者的管理经验也对外部资源的获取具有积极意义。很多研究表明，风险投资家对创业者的管理能力和背景经验特别关注（Goslin and Barge，1986；MacMillian et al.，1985；Hall and Hofer，1993），尤其是对创业者的管理经验（MacMillian et al.，1985），具有成功管理经验的创业者更容易从风险投资家手中获得资金以及其他资源，而这些外部资源对于企业实现创新绩效具有重要的作用。

不同的管理职能经验使得创业者获取到的技能存在差异。技术和知识、管理技术技能、人员财务管理技能以及市场、网络等对经验具有不同的影响（Stokes and Blackburn，2002）。另外，有很多学者研究了创业者技能和管理技能在工作经验中的形成过程。但有学者同时发现，管理经验与企业创新绩效具有较弱的相关性（Van de Ven et al.，1984），或除非是来自同行业的管理经验，否则经验与创新绩效没有相关性（Hoad and Rosko，1964；Buchele，1967；Sandberg and Hofer，1987）。

3. 创业经验与创新绩效

创业经验是创业者从先前建立和管理新创企业中所得到的经验。创业经验也可以从先前的公司获取，以关键角色参与其他新企业的成立也能够获取创业经验，关键在于创业者是否参与了重要决策的制定和新企业的运营。创业经验也能够从衍生企业中获取，以总负责的形式参与衍生企业的创立也是一种获取经验的途径。

创业经验的重要标志是先前的雇佣经历以及管理能力（Bruderl et al.，1992）。根据资源基础理论，创业经验是新企业的管理资本资源，这种资源与行业无关（Becker，1964）。创业者管理经验与创业经验在管理维度上相关（Bruderl et al.，1992；Helfat and Lieberman，2002），但并非同一概念。理论上，高层管理经验所强调的是管理不同组织层级方面的经验。而创业经验则有所不同，其强调的是熟悉创办新企业的流程。有人主张将创业经验视为管理经验的子经验，这一主张是基于这样一种假定，即创业者创办新企业，最终将成长并逐步增加管理层级。研究发现，很多创业者可以创立企业，但是不能维持创业企业的持续成长，因此，拥有创业经验的创业者不一定具有管理经验。

创业经验对企业绩效的影响在惯性创业者研究中表现得较明显。惯性创业者能够不断提升预测或克服企业发展障碍的技能，而这些技能往往来自创业者先前的创业经验，此类创业者知道如何管理企业，如何分配资源，以及如何处理不确定性，使得企业创新绩效较好（MacMillian，1986）。但也有学者研究发现创业经验与企业绩效之间没有显著的相关性（Sandberg and Hofer，1987）。

4. 政府从业经验与创新绩效

政府从业经验是指创业者在政府相关部门，包括政府、管理机构、国有企业、事业单位以及其他政府相关部门的工作经验。具有政府从业经验的创业者通常熟悉政府部门的正式和非正式制度，了解政府部门的正式规则和非正式规则；其个人网络关系多以供职于相关政府部门的人员为主，这些经验更容易帮助企业与政府之间搭建网络关系平台。这类创业者也非常习惯于开展针对政府的企业政治网络获得制度支持、信息和关键资源。从这个意义上讲，具有政府从业经验的创业者具备了天然的资源优势，熟悉政府相关部门的工作方式与内部流程，使其更容易利用政治网络这一独特资源。

另外，由于政府部门的特殊性，政府官员形成的社会网络更具有多样性，网络规模更大。创业者嵌入的网络规模越大，越有利于获取更加多样化的信息，使得创业者看到更多的创新机会，并且能经由信息的处理加工吸收新知识（Cohen and Levinthal，1990）。而且，与各种不同的联系人广泛讨论能激发其创造性，使创业者发现更具有创新性的机会（Hills et al.，1999）。

三、环境丰裕度与产业动态性

环境的概念长久以来一直被许多学者所关注。一种观点认为，环境是一种任务环境，从广义上讲是指一切与目标的设定和目标的获取有潜在相关性的变量集合（Dill，1958），环境的各个方面被认为是资源和信息的来源（Tan，1993），狭义上是指投入要素的来源、产品的市场、竞争者和各种对企业具有调整作用的群体（Thompson，1967；Duncan，1972）。很多关于环境维度的描述都是基于 Dess 和 Beard（1984）的三维度观点，即丰裕度（munificence）、动态性（dynamism）和复杂性（complexity）。他们主要运用了两种归纳方法来定义环境：一是将环境作为信息的来源，二是将环境描述成一种资源的储备。创业者经验凭借先前经验与外部环境发生相互作用时，一方面表现在资源获取的难易程度上，另一方面表现在创业者凭借先前经验处理不确定性的差异上。鉴于环境复杂性和动态性都是反映不确定性程度的指标，我们借鉴 Peng 和 Zhang（2007）的研究，选取产业动态性来考察在不同的不确定性程度下，创业者的先前经验对创新绩效影响作用的差异。选取环境丰裕度来考察环境稀缺性和竞争强度不同的情况下，创业者先前经验对企业创新绩效的影响差异。

（一）环境丰裕度

环境丰裕度是指处于某种环境内的企业所需要的关键资源的稀缺度或丰富度（Dess and Beard，1984；Pfeffer and Salancik，1978；Randolph and Dess，1984）。在环境丰裕度低的地区，企业所面临的资源更为有限，企业之间对资源的争夺更加激烈（Dess and Beard，1984；Hambrick，1983；Hofer，1975；Porter，1980）。

在环境丰裕度较低的地区，具有经验的创业者凭借先前的各种经验，一方面清楚地知道自身的资源禀赋以及企业所拥有的最初资源，在对企业资源进行分类的基础上，能够正确判断所需的资源、当前资源以及企业所面临的创新机会所需资源之间的差距（Vesper，1994）。创业者基于先前经验对资源识别越准确，就更能够根据自己的状况来发现创新机会（Hitt，1996），除了识别资源本身之外，创业者还可以对资源潜在的供应商进行识别（Brush，2001），而这更需要创业者具有行业知识和一定的社会网络关系，尤其是在资源较为匮乏的地区，创业者通过先前经验准确识别资源对创新绩效的影响作用更加明显。

创业者在识别所需资源的基础上，在环境丰裕度较低的地区，如何获取创新所需的资源是实现创新的另一个重要因素。创业者通过先前经验建立的网络对于资源的获取具有积极意义。同时研究也表明，环境丰裕度较高的地区，具有数量众多、规模巨大的产业集群，集群内企业的知识溢出，使得资源获取较容易、交易成本较低（Norman and Pepall，2004；Fal and Ibrahim，2004），因而在这些地区，创业者对先前经验以及先前网络关系的依赖性可能会相对弱一些。

从以上论述可以发现，在不同的环境丰裕度下，创业者经验对企业创新绩效的影响作用可能会不同。我们根据环境丰裕度的高低把样本分为两组，考察在不同环境丰裕度情况下，有经验的创业者与没有经验的创业者相比，其企业的创新绩效是否存在差异。

（二）产业动态性

产业动态性是指一个行业中环境的不确定性或易变性，也就是环境变化的速度和幅度。一些研究指出产业动态性是顾客偏好以及顾客组成的变动（Jaworski and Kohli，1993；Slater and Narver，1994）。公司规模的扩大、行业中竞争对手数量的增加、技术传播和科技变化等都会带来环境的变动（Simerly and Li，2000）。

产业动态性改变时会产生大量的机会，如知识和信息的缺口会随着行业或市场的变化而改变（Timmons，1999），此时具有行业经验的创业者由于先前拥有市场、产品、顾客等知识，能够快速地识别和适应市场变动，因而可能使企业创新绩效较高。在动态性环境下，由于企业面临的困难和竞争均具有不确定性，一直处于变化中，因此企业经营的不稳定性就会不断地加大，企业必然会不断评估企业本身的资源以及竞争优势，加强对新产品的开发，同时迫使企业获取可以支撑企业发展的其他资源（Weeds，2002）。而创业者先前的各种经验能够帮助创业者辨别各种复杂的知识以及获取资源，降低产业变动带来的不确定性，使得企业新产品的开发更容易成功（Miller and Friesen，1983）。

有研究发现，产业环境对创业者特性与创新行为的关系具有调节作用，即企业环境对创新越有利，人员特性与创新行为的关系越密切（Chof，2004），产业动态性越高越有利于创新，而此时创业者经验与创新行为的关系越密切。在产业动态性越高的情况下，创业者在先前工作、生活和教育中形成的对市场、产品、流程和管理方式等认识，对其应对环境的不确定性具有积极意义。同时也应该注意到，在持续变动的环境下，提高企业绩效，需要企业适应和回应顾客需求的变化（Kwaku，1997），如果创业者由于先前的经验形成了对事物固定的认识和判断，就可能无法判断或无法快速适应该变化，从而使得企业创新绩效较低。由此可以看出，在产业动态性不同的情境下，创业者经验与创新绩效之间的关系也没有一致的结论和看法，还有待进一步研究和验证。

综上所述，在产业动态性不同的情况下，创业者经验对创新绩效的影响作用可能存在差异。我们按照产业动态性的高低把样本划分为两组，考察在产业动态性不同的情况下，对于有经验的创业者与无经验的创业者，其企业的创新绩效是否存在差异。

第二节　创业者经验与衍生企业创新绩效

一、创业者经验对创新绩效的直接影响

创业者凭借先前对产品、市场的熟悉，能够迅速感知到新产品和服务带来的价值，并识别客户对新产品或服务的态度，根据顾客态度和市场反响，迅速调整策略，以得到较好的创新绩效。创业者先前的工作经验为其提供未来产品或市场的信息（Shane，2000），为企业及时抓住创新机会提供了依据。此时，创业者凭借其先前行业的特殊经验，能够正确识别自身的资源，根据新产品或市场的信息，合理配置资源，从而保证创新能够顺利进行。

虽然有学者指出，创业者可能由于先前经验，使得新企业采用已有技术，导致创新“锁定（lock-in）”在已有的、非优的、低效率的技术上，阻碍更好的、更优的、可替换的技术发现和创新，从而导致企业创新绩效较低（Arthur，1993）。另外，创业者可能由于先前的思维模式，或先前经验造成的风险偏好是规避型的，使得创业者经验成为阻碍创新的因素。创业者的先前经验可能使其对艰苦的工作、冒险的项目缺少动力，或者偏执于以前成功或失败的因素，而这些因素并不适合于现有企业，导致企业创新结果较差（Wright、Robbie and Ennew，1992）。上述因素可能导致创业者经验成为阻碍企业创新的不利力量，但基于综合考虑，我们认为，创业者凭经验获取的资源和信息，会给企业带来创新的灵感和刺激作用，新产品、新市场、新流程带来的高利润会激励有能力进行创新的企业进行创新，而企业之所以没有创新是因为不具备创新的资源和能力，对于创新行为心有余而力不足。因此，我们假设：

假设1：创业者经验对企业创新绩效具有显著的正向影响作用。

拥有相关行业经验的创业者对某一行业的产品、生产流程以及市场特性都比较熟悉，较容易从中获取未来市场或产品机会的信息（Shane，2000）。创业者通过先前相关行业建立的网络和获取的声誉，尤其是建立在信任基础上的网络关系，不但能获取资源，而且交易成本也较低，这些都对创新具有促进作用。

假设1a：创业者的相关行业经验与企业创新绩效正相关。

创业者哪种管理方式在特定的环境中是最合适的，对这一问题并没有明确的共识（Beckman，1973）。创业者管理方式的选择主要受过去职能经验的驱动和影响。职能经验是一种重要的人力资本特征，不仅塑造了个体的世界观，而且能够在不同的工作情境下进行转移。创业者将其他企业的工作经验带入到新企业后，先前的职能经验影响了其认为新企业应该采取的行动的范围。例如，创业者先前所在企业的职能经验和战略影响了新企业的战略制定。创业者过去所从事工作的经验在职能分布上具有多样性，如市场管理和财务管理、生产运营管理、研发管理等，在此种情况下，创业者可以从不同的职能领域获取不同的知识和技能。市场管理经验可能使得创业者更加关注市场、产品方面的知识和信息；技术管理经验可能使得创业者对技术比较敏感和比较关注。此外，我们在研究创业者管理经验与创新绩效之间关系的基础上，进一步了解管理经验中各个职能对创新绩效的影响有何不同。

假设1b：创业者的管理经验与企业创新绩效正相关。

具有创业经验的创业者，曾经发现过创业机会，经历过创业过程，容易察觉到有价值的信息，从而容易发现有价值的隐性知识，并且提高了其对信息的警觉性，使其更容易识别到新的机会（Ardichivili et al.，2003），有利于企业的创新活动；创业的过程充满不确定性，通过创业，创业者提高了对不确定性的应对和处理能力，并把这种能力应用到创新中，降低创新的不确定性，提高创新活动的成功率；另外，创业者先前的创业经验可以帮助其减轻因调研不充分而带来的风险，使得新产品或新技术由研发转入市场的时间变短、成功率变高。创业者能够通过模仿或修改以前工作中使用的技术或改进新产品，来评价现有技术的可行性和市场接受度。

假设1c：创业者之前的创业经验与企业创新绩效正相关。

创业者的经历带来的经验会影响其认知（Bakesh，1996）。同样，有政府从业经验的创业者的观念、行为、心理和言语都表现出原有的政府文化（王珉，2006）。政府的从业经验使创业者具备两方面的特质：①因为工作经历而养成的具有普遍性的有利于企业成长的品质、习惯、见解和能力等，尤其是妥善处理人际关系的能力，而这种能力使得创业者创业后能够保持原有的政治网络关系；②政府工作经验为其带来特有的品质，使其对目前中国经济转型中企业所处环境的认识更加深刻，因此能够对企业所处的政治环境了解更加透彻，从而使得创新活动更容易成功。

创业者的政府从业经历带来的另外一个关键资源就是政治网络关系。从资源依赖的理论出发，政治网络关系是企业在中国转型经济中管理者具有的独一无二的资源种类（Li et al.，2001）。创业者可以利用政治网络关系获得更可靠的信息；缓解其他组织对关键资源的控制，通过针对政府的活动，企业可以获得政府支持以及其他关键资源（Li and Zhang，2006）；消除外力的影响，以降低环境的不确定性。

假设1d：创业者的先前政府从业经验与企业创新绩效正相关。

二、环境丰裕度对创业者经验与创新绩效的调节作用

环境通过企业获取和维持其资源的过程对企业产生影响（Aldrich，1979）。企业为了获取较高的创新绩效，应根据需要识别创新所需的资源、获取资源，并且对资源进行配置和利用。

环境丰裕度较高的地区，能够提供较充裕的资源，竞争强度相对较小（Dess and Beard，1984），并且在市场资源较为丰富的环境下，知识溢出效应较为明显，创业者通过先前经验学习到的能力可以通过从市场较为容易学习得到，或是从市场上购买人力资本弥补自身资源的不足，此时创业者有无先前经验，企业自身资源禀赋以及所需资源识别能力影响不大。但在环境丰裕度较低的地区，一方面，创业者在先前经验中学习到的较高的自身资源禀赋不容易从市场上通过其他方式来弥补，即使通过市场方法可以弥补，成本也较高；另一方面，创业者凭借先前对产品、市场、顾客等的认识，能够较为容易识别市场上的资源和机会，对资源和机会进行准确的判断，发现创新机会。

若环境丰裕度低，市场内资源稀缺，企业就不容易获得企业创新所需的资源。此时创业者利用先前经验形成的网络关系来获取资源的优势更为明显，与那些不具有经验的创业者相比，其更为容易获取创新所需的资源，且获取成本更低，从而使得企业的创新绩效更高。环境丰裕度低时，

如何合理有效地配置和使用资源变得更为重要。而创业者通过先前的管理、创业、学习等经验，能够学习到如何管理、分配和整合资源的技能，提高企业的创新绩效。

环境丰裕度低的地区可能存在不正当竞争，也存在可靠信息来源、关键资源的流动性不足等缺陷，使得创业者必须与政府部门/国有企业之间建立关系（Luo and Chen，1997），来寻求信息、关键资源与政策辅助，而此时创业者先前建立的政治网络关系，能够帮助企业获取可靠信息，使得企业能够更好地开展创新活动。通过以上的论述，我们假设：

假设 2：环境丰裕度越低，创业者经验对创新绩效的影响作用越强。

假设 2a：环境丰裕度越低，创业者相关行业经验对创新绩效的影响作用越强。

假设 2b：环境丰裕度越低，创业者先前管理经验对创新绩效的影响作用越强。

假设 2c：环境丰裕度越低，创业者先前创业经验对创新绩效的影响作用越强。

假设 2d：环境丰裕度越低，创业者的政府从业经验对创新绩效的影响作用越强。

三、产业动态性对创业者经验与创新绩效的调节作用

在动态性的环境下，企业的创新战略根据市场的变化而变化，而完成创新战略所需的资源种类和数量也在不断变化，为了使企业创新战略成功实施，企业必须加强对资源获取的管理和控制（Dean and Brown，2000），而这些管理和控制是基于先前经验的基础上的，因此，产业动态性越强，创业者的先前经验对创新绩效的影响作用越强。

产业动态性表现较强时，企业为了加强内部的稳定性，减少外部环境动态性变化的冲击，加快对创新活动的反应速度，需要根据市场的变化和企业内部的规则不断地重新配置资源（Teece，2001），而创业者通过先前的经验能够学习到资源配置的方式，并且创业者先前的创新路径依赖特性，能够帮助创业者对先前的创新经验以及资源配置方式进行不断的总结，从而对创新资源配置方式进行不断的改进和提高。因此，产业动态性较强时，创业者的先前经验对企业创新绩效的影响效果更为明显。

根据研究发现，创业者的创业过程是创业者处理各种不确定性事务的过程，创业者通过学习，掌握处理不确定性的能力，而这些能力能够随着创业者而转移到新创企业内，使得创业者在动态性环境下，能够较为有效地处理创新过程中的高不确定性。通过上述分析，我们提出以下假设：

假设3：产业动态性越大的地区，创业者经验对创新绩效的影响作用越强。

假设3a：产业动态性越高，创业者相关行业经验对创新绩效的影响作用越强。

假设3b：产业动态性越高，创业者先前管理经验对创新绩效的影响作用越强。

假设3c：产业动态性越高，创业者先前创业经验对创新绩效的影响作用越强。

假设3d：产业动态性越高，创业者政府从业经验对创新绩效的影响作用越强。

第三节　创业者经验与创新绩效的实证检验

本部分主要通过建立有效的检验模型、使用相应的样本数据、采用有效的统计分析方法，来验证所提假设的合理性。

一、样本选取和数据来源

我们收集了在深圳证券交易所中小板上市的274家企业中的电子、金属非金属制造、石油化学、造纸印刷、纺织服装皮毛、食品饮料、医药生物制品、机械设备仪表以及农林牧渔业等9个子行业公司的数据信息。考虑到我们选取的创新绩效的测量方法以及上市公司数据信息的可获得性，剔除了证监会行业分类中的社会服务、房地产、建筑业、批发零售以及运输仓储行业企业。另外，鉴于本研究对象是企业创业者经验的背景，故剔除了ST、*ST、各级政府和事业单位、国有企业以及境外法人为控制人的上市公司。企业创始人离任的企业也不在本研究样本的范围之内。综合以上因素，最终选取了188个样本企业作为研究对象。

在利用深圳上市公司样本对本研究的主要假设进行验证的基础上，为了能够对创业者经验有进一步的了解和认识，我们使用第八次私营企业抽样调查数据库的部分数据对创业者的管理经验和政府从业经验进行补充说明，进一步了解创业者的不同职能经验对创新绩效的影响是否存在差异，以及政府从业人员先前不同的职位级别对企业创新绩效的影响是否不同。第八次私营企业抽样调查数据库共包含 4 098 家企业的数据，针对来自全国各个省份的私营企业，分别从不同的侧面设置了 345 道问题。鉴于利用该样本只是为了对管理经验和政府从业经验进行深入了解和认识，因而只选取部分相关的问题和数据，选取的结果见下表 3－1。

我们使用数据前对其进行了整理，首先把表 3－1 的问题 2、3、4、5 整理为一个问题，即"您开办私营企业前，是否曾经有工作经验，那么你担任过何种职位?"把问题 2、3、4、5 中回答选项负责人、技术人员、供销人员和职员的进行统计，将从事的最高职位作为新变量的值。

表 3－1　第八次私营企业抽样调查数据库部分问题

1. 在开办私营企业前，如果您在党政机关、事业单位工作过，那么您担任过? ①一般干部；②科级干部；③县处级干部；④县处级以上干部；⑤技术干部； ⑥教师
2. 在开办私营企业前，如果您在国有企业工作过，那么您担任过? ①负责人；②技术人员；③供销人员；④职员
3. 在开办私营企业前，如果您在集体企业工作过，那么您担任过?
4. 在开办私营企业前，如果您在三资企业工作过，那么您担任过?
5. 在开办私营企业前，如果您在港澳台企业工作过，那么您担任过?
6. 您的企业有多少项自己的知识产权（包括技术、专利等）?
7. 近三年来本企业自己设计的产品有多少项?

资料来源：第八次私营企业抽样调查数据库

所使用的数据主要来源于 CCERS 色诺芬金融研究数据库、中国资讯行、中国上市公司文献库、Wind 金融数据库、中外专利数据库服务平台、全国第八次私营企业抽样调查数据库、深圳交易所网站和巨潮资讯网等。

使用的统计软件为 EXCEL2003，SPSS 16.0 等。其中，EXCEL2003 主要用于数据的筛选和整理等；SPSS 16.0 主要用于描述性统计，包括相关分析、回归分析和 One-way ANOVA 等。

二、样本的描述性统计

（一）样本的基本概况

1. 样本行业分类

行业类别根据中国证券监督管理委员会行业分类标准，以深圳证券交易所显示的行业类别进行统计。选取的样本中，多数来自制造业（94.7%），以及少数的信息技术服务行业，主要集中于电子、金属非金属、石化塑胶以及机械设备，其中机械设备中包括通用设备、特种设备等分支类别。行业详细分类见表 3－2。

表 3－2　样本企业行业分布

行业名称	企业数量（家）	百分比（%）
食品饮料	4	2.1
纺织服装	14	7.4
木材家具	13	6.9
造纸印刷	18	9.6
石化塑胶	18	9.6
电　子	24	12.8
金属非金属	19	10.1
机械设备	40	21.3
医药生物	17	9.0
其他制造	11	5.9
信息技术	10	5.3
总　计	188	100.0

2. 企业成立年数

根据深圳证券交易所中小板上市公司信息资料，整理出样本企业成立年数的基本状况，如表 3－3 所示。成立年数在 1～5 年的有 24 家，占总数的 12.8%；成立年数 6～10 年的有 131 家，占 69.7%；成立年数在 11～15 年的有 32 家，占 17%；其中只有 1 家企业的成立年数超过 15 年。

表 3-3 样本企业成立年数

成立年数	企业数量（家）	百分比（%）
1~5 年	24	12.8
6~10 年	131	69.7
11~15 年	32	17.0
15 年以上	1	0.5
总　计	188	100.0

3. 企业规模

在本研究中，企业规模以该公司员工人数来衡量。本研究依据 2008 年上市公司年度报告的资料，整理出样本企业的员工人数的情况，如表 3-4 所示。员工人数在 100~500 人的有 34 家，占总数的 18.1%；员工人数在 501~1 000 人的有 64 家，占 34%；员工人数在 1 001~1 500 人的有 41 家，占 21.8%；员工人数 1 500 人以上的有 49 家，占 26.1%。

表 3-4 企业员工人数

员工人数	企业数量（家）	百分比（%）
100~500 人	34	18.1
501~1 000 人	64	34.0
1 001~1 500 人	41	21.8
1 500 人以上	49	26.1
总　计	188	100.0

4. 企业按地区划分

在本研究中，环境丰裕度以企业总部所在的省份是否属于沿海省份和直辖市来划分。根据深圳证券交易所上市企业列表整理出来的样本企业所在省份或直辖市的分布情况，如表 3-5 所示。其中样本企业分布在北京、福建、广东、海南、河北、江苏、辽宁、山东、上海、天津、浙江等沿海地区的企业数为 150 家，占总数的 79.8%，其中来自浙江、广东、江苏三地的样本数较多；非沿海地区的企业共 38 家，占 20.2%。

表 3 - 5　样本企业地区分布

地　区	企业数量（家）	百分比（%）
北　京	6	3.2
福　建	7	3.7
广　东	34	18.1
海　南	0	0.0
河　北	2	1.1
江　苏	27	14.4
辽　宁	5	2.7
山　东	17	9.0
上　海	6	3.2
天　津	1	0.5
浙　江	45	23.9
非沿海地区	38	20.2
共　计	188	100.0

（二）研究变量的描述性统计表

本部分将对创业者经验、环境丰裕度、产业动态性和企业绩效数据进行描述性分析，各变量测量的平均值、标准差整理于表 3 - 6，其中，创业者经验的几个方面，即相关行业经验、创业经验、管理经验和政府从业经验以虚拟变量进行度量。

表 3 - 6　各变量及其维度描述性统计

变　量	最小值	最大值	平均值	标准差
相关行业经验	0	1	0.65	0.48
创业经验	0	1	0.22	0.32
管理经验	0	1	0.54	0.5
政府从业经验	0	1	0.29	0.45
环境丰裕度	0	1	0.79	0.46
产业动态性	0	1	0.44	0.5
专利值	0	435	36.8	66.5

通过观察表 3－6 发现，65% 的创业者具有相关行业的从业经验，54% 的创业者具有管理经验，22% 的创业者具有创业经验，29% 的创业者具有政府从业经验。在整理收集样本企业创业者个人信息时，发现部分企业是由先前的国有企业、集体企业改制而来的，因此具有行业经验的创业者比重相对高一些。

沿海地区被认为是具有包容度较高的环境（Zhou et al.，2002）。这 11 个沿海地区的省份和直辖市是北京、福建、广东、海南、河北、江苏、辽宁、山东、上海、天津和浙江。

三、相关分析

表 3－7 为所有研究变量之间的相关性系数表。其中相关行业经验、创业经验、管理经验、政府从业经验与企业专利值之间存在显著的相关性，相关系数分别为 0.231（$P<0.05$）、0.225（$P<0.01$）、0.179（$P<0.05$）和 0.378（$P<0.01$）。选取的控制变量与因变量之间也存在相关性，说明选取员工总数与企业年龄作为控制变量是合理的。

表 3－7 各变量及其维度的相关性分析

变量	1	2	3	4	5	6	7	8	9
企业年龄	1								
员工总数	0	1							
相关行业经验	0.088	-0.012	1						
创业经验	-0.002	0.069	0.093	1					
管理经验	0.028	0.012	0.290**	-0.090	1				
政府从业经验	-0.024	-0.097	0.172*	-0.036	-0.036	1			
环境丰裕度	0.053	0.012	0.001	0.056	0.005	-0.068	1		
产业动态性	0.047	0.003	-0.088	-0.037	-0.087	-0.078	-0.043	1	
专利值	0.192**	-0.293**	0.231*	0.225**	0.179*	0.378**	0.157*	0.123	1

注：*表示 $P<0.05$，**表示 $P<0.01$

四、回归分析

多元回归分析是研究多个随机变量之间相关关系的一种统计方法。为了验证创业者各种经验对创新绩效的影响，首先将运用回归分析，单独对行业经验、创业经验、管理经验、政府从业经验与企业创新绩效间的关系加以检验。然后再把四种经验放入回归模型，检验四种变量之间相互作用时，与因变量的关系。最后验证环境丰裕度、产业动态性对创业者经验与创新绩效之间关系的调节作用。

在进行回归分析之前，首先针对数据进行共线性分析。在共线性方面，要视各因素的容忍度（Tolerance，简称 TOL）是否不接近于 0，以及变异系数膨胀因素（Variance inflation factor，简称 VIF）之值是否小于 10 而定（Nachtsheim、Neter、Kuter and Wasserman，1996）。共线性分析结果见表 3－8。结果发现，各个因素的 TOL 值介于 0.879～0.986，并不接近于 0，而 VIF 值介于 1.014－1.138，均远小于 10，符合进行回归分析的假设。

表 3－8　创业者经验之共线性分析

创业者经验	容忍度（TOL）	变异数膨胀系数（VIF）
相关行业经验	0.879	1.138
管理经验	0.986	1.014
创业经验	0.904	1.106
政府从业经验	0.961	1.040

（一）创业者各种经验对创新绩效的影响

1. 相关行业经验与企业的创新绩效

为验证本研究的假设，控制企业规模和企业年龄，将创业者的相关行业经验作为自变量，企业专利值为因变量，进行回归分析，观察是否达到显著水平。相关行业经验对创新绩效的回归结果见表 3－9。

表 3－9　相关行业经验对创新绩效的回归分析

变　量	标准化系数		
	Beta	t 值	显著性水平
企业绩效	0.2	2.942	0.004
$R^2=0.157$，调整后 $R^2=0.144$，$F=8.654$（$P<0.05$）			

由表 3－9 可发现，相关行业经验对创新绩效的标准化回归系数为 0.2，判定系数为 0.157，P 值为 0.004，小于 0.01，达到显著水平，显示

相关行业经验显著影响创新绩效，实证结果支持假设 1a。

2. 管理经验与企业的创新绩效

为验证本研究的假设，控制企业规模和企业年龄，将创业者管理经验作为自变量，企业专利值为因变量，进行回归分析，观察是否达到显著水平。管理经验对创新绩效的回归结果见表 3 - 10。

表 3 - 10 管理经验对创新绩效的回归分析

变 量	标准化系数		
	Beta	t 值	显著性水平
企业绩效	0. 151	2. 193	0. 03
$R^2=0.173$，调整后 $R^2=0.162$，$F=7.811$（$P<0.05$）			

从表 3 - 10 中可发现，管理经验对创新绩效的标准化回归系数为 0. 151，判断系数为 0. 173，P 值为 0. 03，小于 0. 05，达到显著水平，显示管理经验显著影响创新绩效，实证结果支持假设 1b，即创业者拥有管理经验，其企业创新绩效更好。

在创业者管理经验显著影响创新绩效的基础上，进一步分析和验证创业者的不同管理职能是否对创新绩效具有不同影响。

我们使用第八次私营企业抽样调查数据库数据，进一步对创业者的管理经验进行分析和验证。第八次私营企业抽样调查数据库把创业者先前的职能分为负责人、供销人员、技术人员和职员四类，将不同职能经验作为自变量，企业拥有的专利数和近三年的产品自主研发总量的两项相加之和作为因变量，使用 One-way ANOVA 对数据进行分析，得到创业者不同职能经验对创新绩效的分析结果，见表 3 - 11：

表 3 - 11 创业者不同职能的经验与创新绩效的 ANOVA 检验

职能类别	样本数	平均数	标准差	F	P
负责人	1044	14. 45	97. 651	2. 828	0. 037 *
技术人员	472	6. 53	16. 388		
供销人员	332	10. 2	70. 017		
职 员	461	3. 84	22. 583		

注：* 表示 $P<0.05$

从表 3－11 可知，创业者先前的不同职能经验对创新绩效存在某种程度的差异。不同的职能经验对创新绩效具有不同影响。其中，先前从事负责人和供销人员职能的创业者，与从事其他两项职能的相比，其企业创新绩效相对会更好。

3. 先前创业经验与企业的创新绩效

为验证本研究的假设，控制企业规模和企业年龄，将创业者的创业经验作为自变量，企业专利值为因变量，进行回归分析，观察是否达到显著水平。创业经验对创新绩效的回归结果见表 3－12。

表 3－12　创业经验对创新绩效的回归分析

	标准化系数		
变　量	Beta	t 值	显著性水平
企业绩效	0. 218	3. 222	0. 002
$R^2=0.189$，调整后 $R^2=0.178$，$F=13.256$（$P<0.05$）			

从表 3－12 可知，创业经验对创新绩效的标准化回归系数为 0. 218，判断系数为 0. 189，P 值为 0. 002，小于 0. 01，达到显著水平，显示创业经验对创新绩效存在显著影响，实证结果支持假设 1c。

4. 政府从业经验与创新绩效

为验证本研究的假设，控制企业规模和企业年龄，将创业者的政府从业经验作为自变量，企业专利值为因变量，进行回归分析，观察是否达到显著水平。政府从业经验对创新绩效的回归结果见表 3－13。

表 3－13　政府从业经验对创新绩效的回归分析

	标准化系数		
变　量	Beta	t 值	显著性水平
企业绩效	0. 375	5. 875	0. 000
$R^2=0.256$，调整后 $R^2=0.244$，$F=34.096$（$P<0.05$）			

从表 3－13 可知，政府从业经验对创新绩效的标准化回归系数为 0. 375，判断系数为 0. 256，P 值为 0. 000，小于 0. 001，达到显著水平，显

示政府从业经验显著影响创新绩效，实证结果支持假设 1d，即创业者拥有政府从业经验，其企业创新绩效会更好。

在验证政府从业经验与创新绩效显著相关的基础上，我们进一步对先前政府工作经验的不同职位级别与创新绩效间的关系进行了研究和验证。

使用全国第八次私营企业抽样调查数据库，以及 One-way ANOVA 统计方法，对政府从业经验与创新绩效间的关系进行进一步分析。第八次私营企业抽样调查数据库把政府从业职位划分为：一般干部、科级干部、县处级干部、县处级以上干部、技术干部和教师六种。对六种职位与创新绩效进行 ANOVA 分析。从表 3 - 14 可知，创业者在政府部门担任职位的不同与创新绩效存在相关性，不同职位经验与创新绩效存在显著差异（$P=0.019$）。

表 3 - 14 政府部门不同职位与创新绩效的 ANOVA 检验

先前政府从业职位	个 数	平均值	标准差	F	P
一般干部	80	2.38	4.49	2.735	0.019*
科级干部	38	12.24	28.07		
县处级干部	37	26.57	54.825		
县处级以上干部	13	7.92	10.012		
技术干部	88	21.81	54.888		
教 师	93	10.02	46.121		

注：* 表示 $P<0.05$

（二）创业者经验对创新绩效的整合分析

上述第一部分的分析，是在没有考虑各个变量之间相互影响的基础上，对创业者各种经验与创新绩效间的关系进行检定。但是当创业者不仅只有一种经验时，各种经验可能相互交叉存在，在之前的相关分析中，创业者的行业经验与管理经验之间具有相关性。把四种经验整合到一个模型中进行回归分析就显得具有一定的必要性。在控制企业规模、企业年龄的情况下，把相关行业经验、管理经验、创业经验和政府从业经验四个变量同时与企业创新绩效进行回归，其结果见表 3 - 15。当把四个变量同时进行回归分析时发现，管理经验、创业经验、政府从业经验与创新绩效呈现显著的正相关关系，但是相关行业经验与创新绩效不存在显著关系。从表中也可知，相关行业经验与管理经验具有较高的相关性，管理经验对企业创新绩效的影响程度超过了相关行业经验。因此考虑到几重因素时，相关行业经验与企业创新绩效不存在显著的相关性。

表 3－15　创业者经验与创新绩效整合回归分析

变　量	标准化系数		
	Beta	t 值	显著性水平
相关行业经验	0. 113	1. 767	0. 079
管理经验	0. 159	2. 535	0. 012
创业经验	0. 262	4. 349	0. 000
政府从业经验	0. 375	6. 112	0. 000
$R^2=0.359$，调整后 $R^2=0.338$，$F=17.020$（$P<0.05$）			

（三）环境丰裕度的调节作用

我们使用企业总部所在地表示企业面临环境丰裕度的高与低，将企业面临环境丰裕度分为高与低两组。利用回归分析探讨企业面临不同的环境丰裕度，先前经验对创新绩效的影响效果。

1. 环境丰裕度对相关行业经验与创新绩效的调节作用

为验证环境丰裕度对相关行业经验与创新绩效的调节作用，首先构建四个模型 Model A、Model B、Model C 和 Model D。Model A 首先对控制变量企业年龄和员工总数进行回归，得到各项系数。Model B、Model C、Model D 依次加入相关行业经验、环境丰裕度、环境丰裕度与相关行业经验乘积项进行回归，分别得到 Model A、Model B、Model C、Model D 的回归系数。对比 Model C 与 Model D 的差别，观察环境丰裕度对相关行业经验与创新绩效之间的调节作用。回归结果见表 3－16：

表 3－16　环境丰裕度对相关行业经验与创新绩效的调节作用

	R^2	调整后 R^2	F	Beta	t	显著性
Model C	0. 181	0. 163	7. 282	－1. 57	－2. 308	0. 022*
	R^2	调整后 R^2	F	Beta	t	显著性
Model D	0. 255	0. 224	10. 282	－0. 457	－3. 206	0. 002**

注：＊表示 $P<0.05$，＊＊表示 $P<0.01$

由表3－16可知，加入相关行业经验与环境丰裕度乘积项的模型D，其标准化回归系数为－0.457，判断系数0.255，$P=0.002$，小于0.01，环境丰裕度对相关行业经验与创新绩效之间的作用关系起负向调节作用，实证结果证明假设2a，即环境丰裕度越低，行业经验对创新绩效的影响越强。

2. 环境丰裕度对管理经验与创新绩效之间关系的调节作用

为了验证环境丰裕度对管理经验与创新绩效之间的调节作用，首先构建四个模型Model A、Model B、Model C和Model D。Model A首先对控制变量企业年龄和员工总数进行回归，得到各项系数。Model B、Model C、Model D依次加入管理经验、环境丰裕度、环境丰裕度与管理经验乘积项进行回归，分别得到Model A、Model B、Model C、Model D的回归系数。对比Model C与Model D的差别，观察环境丰裕度对管理经验与创新绩效之间的调节作用。回归结果见表3－17：

表3－17　环境丰裕度对管理经验与创新绩效的调节作用

Model C	R^2	调整后 R^2	F	Beta	t	显著性
	0.165	0.147	5.405	0.159	－2.236	0.021*
Model D	R^2	调整后 R^2	F	Beta	t	显著性
	0.265	0.246	19.892	－0.555	－4.23	0.000***

注：*表示$P<0.05$，***表示$P<0.001$

由表3－17可知，加入乘积项的模型，回归系数为－0.555，$P=0.000$，小于0.001，环境丰裕度对管理经验与创新绩效起到负向调节作用，实证结果支持假设2b，即环境丰裕度越低，管理经验对创新绩效的影响作用越强。

3. 环境丰裕度对创业经验与创新绩效之间关系的调节作用

为了验证环境丰裕度对创业经验与创新绩效之间的调节作用，首先构建四个模型Model A、Model B、Model C和Model D。Model A首先对控制变量企业年龄和员工总数进行回归，得到各项系数。Model B、Model C、Model D依次加入创业经验、环境丰裕度、环境丰裕度与创业经验乘积项进行回归，分别得到Model A、Model B、Model C、Model D的回归系数。对比Model C与Model D的差别，观察环境丰裕度对创业经验与创新绩效之间的调节作用。回归结果见表3－18：

表 3－18 环境丰裕度对创业经验与创新绩效的调节作用

	R^2	调整后 R^2	F	Beta	t	显著性
Model C	0.187	0.169	4.487	－1.57	－2.308	0.029*
Model D	R^2	调整后 R^2	F	Beta	t	显著性
	0.237	0.217	13.282	－0.217	－2.767	0.007**

注：*表示 $P<0.05$，**表示 $P<0.01$

由表 3－18 可知，回归系数为－0.217，$P=0.007$，小于 0.01，环境丰裕度对创业经验与创新绩效之间起着负向调节作用，实证结果验证假设 2c，即环境丰裕度越低，创业经验对创新绩效的影响作用越强。

4. 环境丰裕度对政府从业经验与创新绩效之间关系的调节作用

为了验证环境丰裕度对政府从业经验与创新绩效之间的调节作用，首先构建四个模型 Model A、Model B、Model C 和 Model D。Model A 首先对控制变量企业年龄和员工总数进行回归，得到各项系数。Model B、Model C、Model D 依次加入政府从业经验、环境丰裕度、环境丰裕度与政府从业经验乘积项进行回归，分别得到 Model A、Model B、Model C、Model D 的回归系数。对比 Model C 与 Model D 的差别，观察环境丰裕度对政府从业经验与创新绩效之间的调节作用。回归结果见表 3－19：

表 3－19 环境丰裕度对政府从业经验与创新绩效的调节作用

	R^2	调整后 R^2	F	Beta	t	显著性
Model C	0.268	0.245	4.245	－0.141	－2.231	0.019
Model D	R^2	调整后 R^2	F	Beta	t	显著性
	0.308	0.289	9.464	－0.258	－2.525	0.001**

注：**表示 $P<0.01$

由表 3－19 可知，回归系数为－0.258，$P=0.001$，小于 0.01，环境丰裕度对政府从业经验与创新绩效之间起到负向调节作用，实证结果支持假设 2d，即环境丰裕度越低，政府从业经验对创新绩效的影响作用越强。

（四）产业动态性的调节作用

本研究以产业动态性的平均值来区分企业所面临产业动态性的高与

低。若企业所在的产业动态性值低于平均值，表示产业动态性低；若企业所在的产业动态性值高于平均值，表示产业动态性高。

下面分别研究产业动态性对创业者各种经验与创新绩效之间关系的影响。

1. 产业动态性对相关行业经验与创新绩效之间关系的调节作用

为了验证产业动态性对相关行业经验与创新绩效的调节作用，首先构建四个模型 Model A、Model B、Model C 和 Model D。Model A 首先对控制变量企业年龄和员工总数进行回归，得到各项系数。Model B、Model C、Model D 依次加入相关行业经验、产业动态性、产业动态性与相关行业经验乘积项进行回归，分别得到 Model A、Model B、Model C、Model D 的回归系数。对比 Model C 与 Model D 的差别，观察产业动态性对相关行业经验与创新绩效之间的调节作用。回归结果见表 3－20：

表 3－20　产业动态性对相关行业经验与创新绩效的调节作用

Model C	R^2	调整后 R^2	F	Beta	t	显著性
	0. 194	0. 178	4. 245	0. 129	1. 922	0. 056
Model D	R^2	调整后 R^2	F	Beta	t	显著性
	0. 228	0. 207	9. 464	0. 211	2. 173	0. 031*

注：* 表示 $P<0.05$

由表 3－20 可知，回归系数为 0. 211，$P=0.031$，小于 0. 05，产业动态性对相关行业经验与创新绩效之间起到正向调节作用，实证结果支持假设 3a，即产业动态性越高，创业者的相关行业经验对创新绩效的影响作用越强。

2. 产业动态性对管理经验与创新绩效之间关系的调节作用

为了验证产业动态性对管理经验与创新绩效的调节作用，首先构建四个模型 Model A、Model B、Model C 和 Model D。Model A 首先对控制变量企业年龄和员工总数进行回归，得到各项系数。Model B、Model C、Model D 依次加入管理经验、产业动态性、产业动态性与管理经验乘积项进行回归，分别得到 Model A、Model B、Model C、Model D 的回归系数。对比 Model C 与 Model D 的差别，观察产业动态性对管理经验与创新绩效之间的调节作用。回归结果见表 3－21：

表 3-21 产业动态性对管理经验与创新绩效的调节作用

Model C	R^2	调整后 R^2	F	Beta	t	显著性
	0.16	0.143	4.216	0.140	2.053	0.041
Model D	R^2	调整后 R^2	F	Beta	t	显著性
	0.173	0.150	3.342	0.160	1.702	0.091

由表 3-21 可知，回归系数为 0.160，$P=0.091$，大于 0.05，产业动态性对管理经验与创新绩效之间的关系没有起到调节作用，实证结果不支持假设 3b。

3. *产业动态性对创业经验与创新绩效之间关系的调节作用*

为了验证产业动态性对创业经验与创新绩效的调节作用，首先构建四个模型 Model A、Model B、Model C 和 Model D。Model A 首先对控制变量企业年龄和员工总数进行回归，得到各项系数。Model B、Model C、Model D 依次加入创业经验、产业动态性、产业动态性与创业经验乘积项进行回归，分别得到 Model A、Model B、Model C、Model D 的回归系数。对比 Model C 与 Model D 的差别，观察产业动态性对创业经验与创新绩效之间的调节作用。回归结果见表 3-22：

表 3-22 产业动态性对创业经验与创新绩效的调节作用

Model C	R^2	调整后 R^2	F	Beta	t	显著性
	0.187	0.170	4.845	0.151	1.912	0.059
Model D	R^2	调整后 R^2	F	Beta	t	显著性
	0.232	0.217	5.573	0.172	2.361	0.019*

注：*表示 $P<0.05$

由表 3-22 可知，回归系数为 0.172，$P=0.019$，小于 0.05，产业动态性对创业经验与创新绩效之间起到正向调节作用，实证结果支持假设 3c，即产业动态性越高，创业者先前创业经验对创新绩效的影响作用越强。

4. *产业动态性对政府从业经验与创新绩效之间关系的调节作用*

为了验证产业动态性对政府从业经验与创新绩效的调节作用，首先构建四个模型 Model A、Model B、Model C 和 Model D。Model A 首先对控制变量企业年龄和员工总数进行回归，得到各项系数。Model B、Model C、Model D 依次加入政府从业经验、产业动态性、产业动态性与政府从业经验乘积项进行回归，分别得到 Model A、Model B、Model C、Model D 的回归系数。对比 Model C 与 Model D 的差别，观察产业动态性对政府从业经验与创新绩效之间的调节作用。回归结果见表 3－23：

表 3－23　产业动态性对政府从业经验与创新绩效的调节作用

Model C	R^2	调整后 R^2	F	Beta	t	显著性
	0. 16	0. 143	4. 216	0. 14	2. 052	0. 041
Model D	R^2	调整后 R^2	F	Beta	t	显著性
	0. 173	0. 15	2. 896	0. 16	1. 709	0. 102

由表 3－23 可知，回归系数为 0. 16，P＝0. 102，大于 0. 05，产业动态性对政府从业经验与创新绩效之间的关系没有调节作用。实证结果不支持假设 3d。

第四节　研究讨论与结论

研究发现，创业者经验与企业创新绩效之间具有相关性，且各种经验对企业创新绩效的影响程度不同，其中创业经验、管理经验、政府从业经验对企业创新绩效均有显著影响。相关行业经验与企业创新绩效之间不存在显著关系，可能的原因主要在于：①相关行业经验与管理经验之间存在较高相关性，说明相关行业经验对企业创新绩效的影响作用可能被管理经验对企业创新绩效的影响作用所替代。创业者在某一相关行业工作，获取关于市场、产品和获利模式的知识，但当创业者同时具有管理经验时，其管理经验对企业创新绩效的影响效果会更明显，从而使得相关行业经验与企业创新绩效之间不存在显著关系。②选取的样本企业多集中于生产制造行业，这些行业的产品、市场、生产流程和资源来源等方面的信息都较容易获取，相关行业经验相对容易从市场上快速地学习。由此发现，行业专有知识获取难易的程度可能是相关行业经验对企业创新绩效影响的一个重要方面。当相关行业知识较容易从市场获取，且获取成本较低时，此时的相关行业经验就是一种非独特的、可复制和转移的资源，而管理、组织、协调等技能更不容易从市场上轻易获取，需要创业者长时间的积累和学习，此时才会出现相关行业经验对创新绩效不具有显著影响的情况。

此外，创业者不同的管理职能经验和政府从业职位的差异对企业创新绩效的影响作用存在显著差异。其中负责人和供销人员对企业创新绩效的影响作用更强，先前负责人经验使得创业者能够在组织管理、资源分配和整合、战略规划以及外部环境评估方面更具优势，从而使其更能够识别创新机会，并且能更有效地管理和分配内部资源以保证创新活动的顺利进行。先前从事供销职能的经验，则使创业者掌握了一定的客户资源，从与客户不断的交流沟通中，更加了解顾客需求，其创新活动更加能够贴近市场，从而使得企业创新绩效较高。在政府从业经验方面，担任技术干部和县处级干部的职位经验对企业创新绩效的影响作用最大。技术干部的企业创新绩效较高，这可能与技术干部更了解产品技术、具有更多的技术科研资源有关；而县处级干部可能与企业所在地区掌握资源的核心部门有关，曾在掌握最核心资源的部门的从业经验对企业创新绩效的影响作用最强。

研究还发现，在环境丰裕度较低的地区，创业者经验对企业创新绩效的影响作用更强。可能原因如下：一是这些地区产业不集中，知识溢出效果不明显，有些知识、信息无法直接从市场上获取；二是没有形成创新的氛围，企业创新更加依赖于个体对机会的发现；三是不确定性更大，创新面临的风险更大，先前的学习经验更加有利于创业者处理企业的不确定性；四是市场化程度低，规则、制度的缺失，使得个体更加依赖网络关系中的有力关系来获取有价值的信息和资源（Bian，1997），其先前网络关系显得更加重要；五是难以有效地管理和组织资源，在资源稀缺的情况下，其管理组织经验作为创业者的人力资本资源，其地位变得更加重要。综合以上因素，创业者经验在环境丰裕度低的地区对企业创新绩效的作用更加显著。

相关行业经验和创业经验在产业动态性较高时，对企业创新绩效的影响作用更强，这与创新的不确定性特征有很大关系。创业者先前的行业经验能够帮助创业者快速地意识到顾客需求的变化，抓住顾客需求变化的关键点。创业者先前的行业经验形成了对行业、市场、产品、顾客和需求等的一定认知模式，能够整合各种信息，降低由于市场变动而带来的不确定性；另外，先前行业的工作经验使得创业者与产业的上下游、服务中介等建立了一定的合作关系，尤其是那些建立在彼此信任基础之上的关系能够在动态性的环境下保持持续性，从而减少因产业环境变动而带来的不必要损失。虽然依赖于先前的产品、市场和旧的信息来源渠道可能使得创业者陷于旧的思维框架，从而影响对新情况的判断，但是从实证的结果来看，行业经验对企业创新绩效有利的方面更甚于负面的影响。

创业者先前的创业经验赋予了其处理不确定性的技能，选择创业的个体，本身可能具有较强的创新精神和冒险精神。一般而言，选择进行创业的个体对风险的态度可能更趋向于风险偏好型，具有不断地冒险和尝试的精神，这些冒险和尝试的过程本身具有积累性和学习效应。面对市场、政策、资源等约束和不确定性，具有先前创业经验的创业者，在产业动态性高的环境下，能够较好地应对不确定性，发现创新机会，提升企业的绩效。尽管有学者指出，先前创业经验具有双面性，成功的创业经验有利于后来新企业的发展，而对不成功的经验，创业者可能吸收失败的成分，从而阻碍新企业的成长和发展。仅从目前的样本来看，产业动态性对创业经验与企业创新绩效之间的关系起到了正向调节作用。

产业动态性没有对管理经验和企业创新绩效之间的关系起到调节作用，这可能是创业者关于企业内部组织、内部资源的一种管理和协调经验，与企业所处的产业环境关联性不大。管理属于一种普适性技能，与所处的行业无关。

产业动态性没有对政府从业经验与创新绩效之间的关系起到调节作用，可能主要是因为我国政府的工作特性和业务流程所致。在我国，政府的运转方式尚没有市场化，而企业的市场化特征则越来越明显，两者运转方式的差别以及政府与企业地位的不对等性，使创业者即便具有政府工作经验，已经建立了政治网络关系，能够获取资源、信息等，但在时效性上与市场变动方面还是无法同步，从而导致产业动态性对政府从业经验与企业创新绩效之间的关系没有调节作用。

第四章

衍生创业：创新战略与绩效

自 Roberts（1968）最早观察到“一些企业是由其他组织所启动的”以来，学者们对衍生企业进行了较为广泛的研究。但是，一般的研究都停留在衍生企业绩效是否更好的层面上，而对于影响这种绩效的“黑箱”过程，学术界还缺乏统一的解释。本章的研究内容是在中国的制度环境下，以衍生企业为代表的企业进入模式与企业绩效之间的关系，以及这种关系在不同权变因素下的变化。

本章关注的问题如下：第一，在中国的制度环境下，企业进入模式（衍生企业/非衍生企业）的差异是否会先天地影响到企业的绩效。第二，引入创新战略理论研究“企业进入模式—企业绩效”这个关系在创新战略选择的权变因素下的改变。探索型战略（Explorative Innovation）和开发型战略（Exploitative Innovation）代表了企业创新战略的两种选择。第三，在中国的制度环境下，研究衍生企业的特征，试图为提高中国企业的创新和创业能力提供一些理论上的指导。

在这一章里，我们要特别强调中国情境因素——资源紧缺——的影响，从理论上阐明在资源紧缺条件下，企业创新模式的选择和研发投入的偏好。不少学者在中国经济管理问题的研究中观察到了中国企业面临高度资源紧缺这一现象，但少有将其上升到理论高度加以提炼和发展的。实际上，不少宏观经济学者频繁用到“过度进入”、“过度投资”和“产能过剩”（如张军，1998；周其仁，2005；郭庆旺、贾俊雪，2006；周黎安，2004、2007）来描述中国经济环境中许多产业的激烈竞争。激烈的竞争和紧缺的资源都决定了创业初期资源并不丰富的中国私营企业，在早期发展阶段只能在探索型战略或开发型战略中二选一，并且限制了企业在探索式创新和开发式创新活动中的“试错”范围，从而一旦作出某种战略偏好的决策以后，就有可能因为转换成本太高而陷入“锁定”。

同样的，中国企业研发投入决策也是在资源高度紧缺的条件下实现的，这和强调大型成熟组织的绝大多数外文文献存在根本的不同。资源紧缺条件下的研发活动需要重视资源紧缺的前提，也要关注环境变化的灵活性作用。因此，基于资源紧缺条件，企业敏锐的市场走向判断和研发支出决策就显得尤为重要。

第一节　创新战略与衍生企业绩效

我们将构建本研究的理论模型，并依据模型提出具体的假设。然后，根据假设确定具体的变量衡量方法，并介绍所需的测量工具、分析方法以及样本的筛选标准。最后，对采集的样本进行描述性统计分析，展示样本的基本分布情况。

一、模型构建

在对于企业进入模式的研究中，衍生创业这个现象一直受到学者们的极大关注。将衍生企业与非衍生企业进行对比，二者的绩效是否有差异？导致这种差异的原因是什么？这种差异在何种情况下会得到扩大或缩小？学术界对这些问题尚未达成一致（Klepper and Sleeper，2005；Agarwal et al.，2004；Chatterji，2009）。为了回答这些问题，我们构建了如下理论模型：

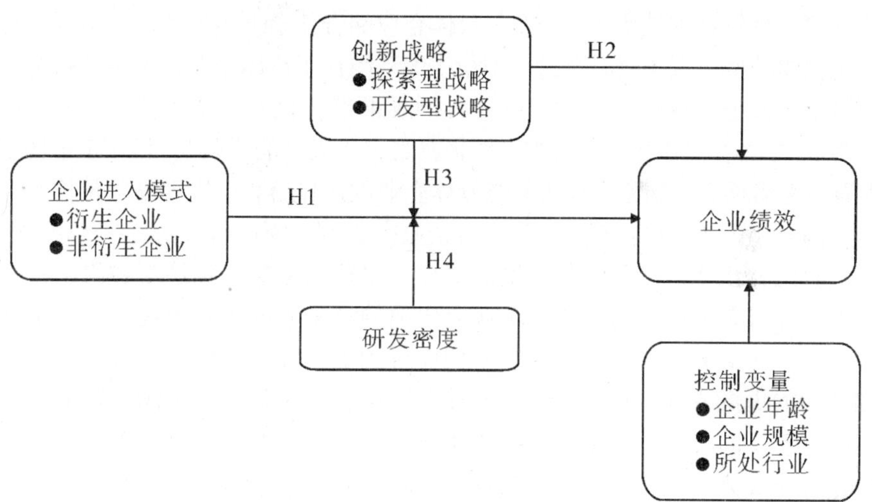

图 4－1　研究理论模型

二、假设提出

（一）进入模式与企业绩效的关系

衍生企业与非衍生企业的绩效差异，是学者们首先要关注的问题（Gompers et al.，2005；Klepper and Sleeper，2005；Agarwal et al.，2004；Chatterji，2009；Philips，2002；Stuart et al.，1999；Burton et al.，2002）。一些研究表明，衍生企业的绩效比其竞争对手的要好。对于这个衍生企业绩效更好的现象，学者们分别从不同的角度给出了解释。

第一种解释是从衍生企业创业者经验的角度出发的。衍生企业的一个特征是，工作经验从母体企业到衍生企业的转移，这在宣布衍生的那一刻起就发生了（Arciani et al.，1997）。Agarwal 等（2004）认为，相对其竞争者而言，衍生企业的创业者由于过往的雇佣经历，会掌握出色的行业特殊知识，帮助衍生企业获得更好的绩效。张书军和苏晓华（2008）认为，衍生企业在利用创业者从母体企业（即创业前所供职的企业或机构）继承、转移来的行业专用性知识，以及积累的个人社会网络资源方面有着显著优势。这些优势又进一步地显著提高了衍生企业的竞争优势，从而提高其绩效。

第二种解释则是从衍生企业与母体企业的合作角度出发的。这主要是针对重构驱动型衍生企业而言的（即衍生的动因在于母体企业，衍生的行为本身就是母体企业进行多元化，或将科研成果市场化的一个手段）（Tubke，2000）。总之，由于衍生企业和母体企业之间“天生的联系”，相较于市场上其他竞争者而言，衍生企业更熟悉母体企业的运作流程，更容易与母体企业进行沟通和协调，更容易运用从母体企业中获得的资源和帮助。

总之，正如上文所详细讨论的那样，以往的战略、经济学和组织社会学的研究成果表明，衍生创业企业会比他们竞争者的绩效更高。这些绩效优势是来源于通过在母体企业的雇佣而得到的：获取有价值的知识、技能和经验的更低成本，获取有价值的社会网络特权、显著的组织间联盟所带来的收益。同时，衍生企业与母体企业良好的市场合作、财务合作和技术合作关系也会促进衍生企业的绩效。因此，笔者提出：

假设 1a：在转型经济中，相较于非衍生企业而言，衍生企业的绩效更好。

然而，另一些研究却发现，衍生有时也会带来降低的绩效表现（Daley

et al.，1997；Woo et al.，1992；Aron et al.，1991)。首先，从创业者经验的角度来看，衍生企业创业者的工作经验也会产生负效应——路径依赖，即衍生企业创业者个体成长所具有的路径依赖效应，在创建衍生企业的过程中会有充分表现：创业者极大地依赖于前期的经验、技能和知识，新创企业的战略、决策和行为极大地受到以往经验的影响。另一种可能性是企业家过去的经验是失败的，这些教训往往会束缚创业者的手脚，使其缺乏打破局面的魄力和勇气，从而出现失败引致更多失败的这种具有“马太效应”的恶性循环。综上所述，创业的经验和企业的绩效之间并没有显著的关系（Sandberg and Hofer，1987)，甚至创业者的经验对企业的绩效还有可能产生负面的影响（Van de Ven，1984)。

其次，从衍生企业与母体企业的合作角度来看。Moncada 等（1999）提出，母公司和衍生企业在分离之后正式或非正式联系的其中一个重要成分就是母公司以资产或负债的形式对衍生企业的财务支持。母公司贷款在母公司—衍生企业的合作中，扮演着重要的角色，这通常被用于自发型衍生企业最初三年的运营中。对于衍生企业而言，它通常比银行贷款便宜，但也可能带来母公司施加压力或要求控制权的风险。而且，由于衍生企业与母公司常常经营相同的产业，或由于二者都需要同质性资源，因而也存在竞争的关系。甚至自发型衍生企业有时还需要应对来自母体企业的报复行为（Tubke，2000)。

总之，有如下几个原因可能造成衍生企业的低绩效：①衍生企业无法获得母公司优惠或互补性的服务；②衍生企业从“组织内交易”到“独立的公司”，这包含了高额的成本；③剥离的通常是绩效不佳的衍生企业，这种剥离本身就是为了使母公司受益；④衍生企业创业者过往的工作经验会束缚其对机会的识别和利用，以及阻碍创新精神的产生。因此，笔者提出：

假设 1b：在转型经济中，相较于非衍生企业而言，衍生企业的绩效更差。

（二）创新战略与企业绩效的关系

学者们一致认为，探索型战略和开发型战略采用的是不同的结构、过程和资源（He and Wong，2004)，因而从长期来看，其产生的绩效有着极大的不同。He 和 Wong（2004）的研究发现：探索型战略与开发型战略对销售增长绩效的影响是不同的，这是通过两个中介变量来完成的——产品创新密度与过程创新密度。他们提出，这是因为二者的作用机制不同，探索型战略带来的回报是更加多变的、实现时间也更久，而开发型战略带来的回报则更加稳定、实现时间也更短。

特别的是，在中国的情境条件下，其产业在世界产业链中处于链条的较低部位。发展中国家的经济发展是在世界产业链内部，沿着现有的各种资本和技术密集程度不同的产业台阶，由低向高逐级而上不断升级的过程（毛蕴诗、汪建成，2006）。由于中小企业创业初期的资源本来就不丰富，因而这种见效快、耗能少的开发型战略，很容易成为大多数企业的选择，因其能为企业创造丰厚的短期回报。因此，笔者提出：

假设2a：在转型经济中，相较于采用探索型战略的企业而言，采用开发型战略的企业绩效更好。

然而，这并不是说探索型战略不会促进企业绩效的提高。Zahra等（2009）提出，虽然开发型战略能带来积极的短期绩效，但是这些短期的绩效提高或许是以长期绩效为代价的。因为采用开发型战略而减少的多样性和对外部环境的适应性，会因为环境的变化而成为企业的负债（liability）。只强调开发活动的企业可能会缺乏适应重大环境改变的能力，因此，曾使这些企业短期内很成功的秘诀，可能会危及到企业的长期发展。

另外一些学者从权变的角度出发，研究探索型战略和开发型战略的选择如何因组织所处的环境而发生权变（Gupta et al.，2006；Jansen et al.，2006），以及环境发生权变之时，各种战略对于企业绩效的影响。例如，组织环境的技术动态性程度是有相当大的不同的。技术经常变更可能会使一个组织的资源和能力迅速过时，迫使企业不断地探索新的技术（exploration）。而在技术动态性比较低的环境中，一家企业的技术基础可能会维持相当长的时间，使得企业有可能完全专注于开发式创新（exploitation）。因此，对于技术动态性水平不同的环境而言，组织需要采用不同的战略进行应对。

特别的是，在中国的情境条件下，由于整个社会正处于经济的转型和飞速发展阶段，企业面临的是一个动态性水平相当高的环境（林毅夫，2007）。信息的不对称和制度的不完善（林跃勤，2009），使得企业识别机会和确定战略的能力显得尤为重要。特别是对于私营企业而言，通常缺乏强有力政府背景的私营企业都运营于完全竞争的市场（牛成喆等，2009）。因此，为了改善企业适应环境改变的能力，并且减少技术过时的风险，企业应当采用探索型战略，来帮助企业发展新的知识，从而培养生存和长期繁荣的必要能力（March，1996）。因此，笔者提出：

假设 2b：在转型经济中，相较于采用开发型战略的企业而言，采用探索型战略的企业绩效更好。

（三）创新战略的调节作用

由于企业资源的稀缺性，新创企业通常只能在探索型战略和开发型战略中二选一（March，1991；Van de Ven et al.，1999；Smith and Tushman，2005）。开发型战略的投入较少、回报较快且结果较稳定；而探索型战略的投入较多、回报较慢、结果较不稳定。因而，新创企业的创新战略选择会影响企业的绩效。

笔者从衍生企业的偏好角度进行分析，一种可能性是：和其他的市场进入者一样，衍生企业会偏好于采用开发型战略。在新创企业卖出第一个产品的时候，它就可能已经尝到了开发资源带来的“甜头”。因为开发式创新是用现有的知识基础去满足已经存在的市场需求，从而强化了新创企业现有的资源基础、能力和竞争优势，满足了与同行竞争、争夺市场份额以及获取利润的需要。开发型战略的结果较为短期，也相当稳定（He and Wong，2004）。当我们聚焦于衍生企业这种独特的新创企业时，或许会发现：衍生企业创业者的过往经历（特别是成功的雇佣经历）可能使其过分地依赖先前的经验，而生搬硬套从母体企业中学到的知识和诀窍（tacit knowledge）（Rerup，2006）。从母体企业中继承而来的显性资产和隐性知识，此时成了衍生企业故步自封的温床，限制了其进一步的探索和创新。

然而另一种可能性是，衍生企业由于天生的资源禀赋（张书军，2005），可能在创业初期就大胆采用了探索型的战略。众多的学者已经证明，衍生企业自成立的那一刻起，就从母体企业转移了资源（如 Agarwal，2004；Chatterji，2009；张书军、李新春，2005；汪良军，2007）。这种资源可以有多种形式的表现。Muegge（2004）提出，衍生企业可能从母体企业处转移了人员、技术或资产，并提出这三者是促进衍生企业产生的重要因素。Lindholm-Dahlstrand（2001）认为，母体企业和衍生企业之间会存在一些如资产、知识等资源直接转移的关系。Agarwal（2004）在一篇影响广泛的文章中也提出衍生企业会从母体企业处继承市场和技术诀窍，并认为这两者都会影响衍生企业的绩效。

特别的是，在中国的情境条件下，不少宏观经济学者已经使用“过度进入”、“过度投资”及“产能过剩”（如张军，1998；周其仁，2005；郭庆旺、贾俊雪，2006；周黎安，2004、2007等）等词汇来描述中国经济环境许多产业的激烈竞争。当企业刚刚创立的时候，适度地采用开发式的战略有助于迅速地积累起原始资产，并在市场中站稳脚跟。但是，要想在激烈的竞争中立于不败之地、保持企业长久的竞争力，企业就不能只考虑眼前的利益，而必须采用探索型战略，开拓新的市场或设计新的产品，从而获得更好的长远绩效。因此，笔者提出：

假设3：在转型经济中，企业进入模式与企业绩效之间的关系会受到企业创新战略的调节。

（四）研发密度的调节作用

企业的研发密度，反映出创新及相关活动的重要性。研发密度的大小，代表了企业对新知识、新技术的投入程度和对市场的敏锐程度（Baysinger and Hoskisson，1989）。

Renzulli、Aldrich和Moody（2000）指出：新创企业的生存很大程度上取决于新创企业对环境的识别和判断，在这个环境里，新创企业获取资源来开创新的业务并且维持企业的成长。环境识别的一个重要组成部分就是对市场前沿技术走向的判断。紧跟、甚至引领市场前沿技术的企业，通常研发密度更大，组织内部的新知识和新技术的丰富程度也更高，从而影响了企业的绩效。但是，这同样增加了过分强调研发活动所带来的风险。企业诚然有更多的机会创造出价值，但同样面临着他们的投入无法及时或完全获得回报的风险（Sϕrensen and Stuart，2000）。这点限制了企业把握机会的能力。因此，企业合理决策研发投入水平是十分必要的。

特别的是，在中国的情境条件下，20世纪90年代，中国经济由卖方市场迅速转变为买方市场，这一转变使得绝大多数企业在创业之初就面临着激烈的竞争，而长期处于微利经营的“求生存”状态之下。长期以来，生存型创业和混合型创业占中国新创企业的绝大多数，而这些创业企业的资源条件高度紧缺，比之机会型创业，在财务资源、人力资源、技术资源和社会关系网络等方面都更为紧缺（蔡莉等，2008）。因此，中国企业资源的高度紧缺和市场的高水平动态性，提高了企业对市场变化作出反应的能力，要求企业迅速应对、灵活决策。因而，笔者提出：

假设4：在转型经济中，企业进入模式与企业绩效之间的关系会受到研发密度的调节。

三、变量衡量

（一）自变量

本章的自变量之一是企业进入模式，即衍生企业与非衍生企业。如前文所述，本章将衍生企业定义为：由有着丰富高层管理经验的员工离职所创办的企业（张书军、苏晓华，2008）。

这个定义只关注衍生企业创业者过往的工作经历，而不讨论母体企业的特征。因此，如果企业创始人在开办私营企业之前，担任过国有企业、集体企业、三资企业、港澳台企业或其他私营企业的高层管理者，本研究都判定其企业为衍生企业。本研究将衍生企业赋值为1，非衍生企业赋值为0，并设定“进入模式”的英文简写为“EntryM”。

（二）因变量

企业绩效是检验企业竞争力的成效指标：一个良好的企业绩效能反映出企业经营模式、产业投资环境、政府相关政策等有所成效。企业用以衡量其绩效的指标很多，主要有报酬率、成长率、周转率以及股价指数等。

肖贞贞（2008）指出“股东财富最大化”是企业经营和财务管理的目标，用股东的权益财富为评价指标来衡量企业价值的变化具有全面性、易操作性的特点，它能综合反映企业在经营期间内劳务耗费和劳动成果的关系，并且使股东的权益最大化这个指标也便于理解和操作。同样的，私营企业的所有者权益显然是私营企业及其所有人共同关注的对象。因此，我们采用资本增值率指标来衡量企业的绩效，并设定“企业绩效”的英文简写为“Growth”。

（三）调节变量

本章的调节变量之一是企业的创新战略选择，即探索型战略与开发型战略。如前文所述，探索型战略的定义是：旨在进入新产品市场领域的战略选择，开发型战略的定义是：旨在改进现有产品市场领域的战略选择。在He和Wong（2004）的研究中，他们采用一个成熟的量表对企业的探索型战略和开发型战略进行度量。探索型战略有如下四个维度：①引入全新的产品或服务，②增加产品或服务种类，③开拓新市场，④开发或应用全新技术；开发型战略亦有四个维度：①提高现有产品或服务的质量，②提高现有产品或服务的通用性，③降低产品或服务的生产成本，④巩固现有市场。该量表已经得到很好的信度和效度检验。考虑到数据库的局限性，我们仅用两个指标来判定企业的战略是否属于探索型战略：(a) 您的企业有多少项自己的知识产权（包括技术、专利等)？(b) 近三年本企业自己设计的产品有多少项？只要企业的知识产权个数大于0，或近三年自主设计的产品数大于0，我们就判定该企业主要采用探索型战略，否则为开发型战略。同样的，我们采用虚拟变量为探索型战略赋值为1，开发型战略赋值为0，并设定“创新战略”的英文简写为“TK”。

我们的另一个调节变量是企业的研发密度，将其命名为“RDint”。遵从Zahra等人（2009）的衡量方法，我们对研发密度的计算方法是企业的研发支出占当年销售额的百分比。

（四）控制变量

考虑到影响衍生企业绩效的因素并不局限于资源的利用方式，还有企业的规模、年龄等其他影响，因此应增加控制变量，以提高回归方程的拟合优度。笔者选取以下三个控制变量：企业年龄、企业规模和所处行业。

企业年龄（简写为Age）和企业规模（简写为Size）已经被证明能够影响企业的成长（Carroll and Hannan，2000）。一方面，企业规模是影响企业行为与决策的一个重要因素，与企业绩效紧密地联系在一起（张书军、苏晓华，2009）。另一方面，企业年龄和企业规模会影响企业资源的丰富程度，进而影响企业选择探索型战略或开发型战略的偏好。参照Park和Luo等人（2001）的研究，我们计算企业年龄的方式是从企业登记注册年份到调查年份的差额数，计算企业规模的方式是企业员工人数的对数。

由于处于不同行业中的企业对于创新的偏好有着一定的差异（Hayes and Wheelwright，1984；Teece，1987；Cockburn and Griliches，1987），因此笔者引入所处行业作为控制变量。在文献中，学者们通常将行业划分为高科技行业与非高科技行业（如Hitt and Ireland，1985；Zahra，2000；He and Wong，2004）。下一步在于选择高科技行业的标准。经济合作与发展组织（OECD）认为高科技行业具有以下5个特征：①强化研究与开发工作；②对政府具有重要战略意义；③产品与工艺老化快；④资本投入风险大、数额高；⑤研究开发及其产品生产具有高度的国际合作与竞争性。为了更好地判断一家企业是不是属于高科技行业，我们对比了联合国教科文组织（UNESCO）和我国科技部2000年7月对高科技行业的分类（见表4－1），认为我国科技部的分类更为细致，更适合作为本研究的判定标准。因此，我们将属于科技部颁布的“高科技行业门类”的行业赋值为1，非高科技行业赋值为0，并设定所处行业的英文简写为“Industry”。

表4－1　联合国教科文组织和我国科技部对高科技行业的细化分类

官方组织	对高科技行业的细化分类
联合国教科文组织（UNESCO）	（1）信息 （2）生命 （3）新能源 （4）新材料 （5）空间科技 （6）海洋科技
中国科技部（2000年7月）	（1）电子与信息技术 （2）生物工程和新医药技术 （3）新材料及应用技术 （4）先进制造技术 （5）航空航天技术 （6）现代农业技术 （7）新能源与高效节能技术 （8）环境保护新技术 （9）海洋工程技术 （10）核应用技术 （11）其他在传统产业改造中应用的新工艺新技术

（五）小结

本部分对于所有变量的衡量方法如表4－2。

表 4-2　变量的衡量方法

变量类型	变量名称	简　写	问卷指标	计算方法
自变量	进入模式	EntryM	在开办私营企业以前，您是否担任过国有企业、集体企业、三资企业、港澳台企业和其他私营企业的高层管理者？	衍生企业 = 1 非衍生企业 = 0
因变量	企业绩效	Growth	资本增值率（%）	Growth = （年末所有者权益 - 年初所有者权益）/年初所有者权益
调节变量	创新战略	TK	（a）您的企业有多少项自己的知识产权（包括技术、专利等）？（b）近三年本企业自己设计的产品有多少项？	探索型战略 = 1 开发型战略 = 0
	研发密度	RDint	2007 年，您的企业的研发投入是多少（万元）？2007 年，您的企业的销售总额是多少（万元）？	RDint = 研发支出/销售额
控制变量	企业年龄	Age	您的企业是在哪一年登记注册为私营企业的？	Age = （2007 - 企业登记年份）
	企业规模	Size	在 2007 年，您的企业全年一共雇佣了多少员工？	Size = Log（企业雇员数目）
	所处行业	Industry	2007 年底，您的企业从事的主要行业是什么？	高科技行业 = 1 非高科技行业 = 0

四、数据来源

本章采用的样本数据来源于全国第八次私营企业抽样调查数据库。该数据库由中央统战部、中华全国工商业联合会、国家工商行政管理总局和中国民（私）营经济研究会共同组织的“中国私营企业研究课题组”调查所得。本次调查获得大量有关私营企业的第一手材料，系统地记录了中国私营企业的发展历程。该项工作自 1993 年开始以来，已经连续开展了 8

次，取得了不错的成果。这项调查覆盖了全国31个省、自治区和直辖市，共发放问卷4 508份，回收问卷4 098份。本次研究剔除了数据有缺失的样本和不符合研究目的的样本（例如本研究只关注成立年龄小于10年的新创企业），共选择了有效问卷1 693份，有效问卷数约占我国私营企业总数的0.25‰。

五、分析方法

以上部分对本研究所需要的变量指标进行了定义，下表对这些变量的设计指标和定义内容进行了总结。另外，为了验证假设，根据上文设计的变量，我们分别根据具体情况构造了如下的多元线性模型：

$$Growth = \alpha + \beta_1 Age + \beta_2 Size + \beta_3 Industry + \beta_4 EntryM \quad \text{（公式 4－1）}$$

$$Growth = \alpha + \beta_1 Age + \beta_2 Size + \beta_3 Industry + \beta 4TK \quad \text{（公式 4－2）}$$

$$Growth = \alpha + \beta_1 Age + \beta_2 Size + \beta_3 Industry + \beta_4 EntryM + \beta_5 TK + \beta_6 EntryM \times TK \quad \text{（公式 4－3）}$$

$$Growth = \alpha + \beta_1 Age + \beta_2 Size + \beta_3 Industry + \beta_4 EntryM + \beta_5 RDint + \beta_6 EntryM \times RDint \quad \text{（公式 4－4）}$$

公式4－1是验证企业进入模式与企业绩效关系（即假设1）的多元线性回归模型，其中α为常数项，β_1，β_2，$\cdots\beta_4$为该多元线性模型的回归系数，也就是多元线性回归模型的估计参数。该模型以企业绩效（Growth）为因变量，以进入模式（EntryM）为自变量，控制了企业年龄（Age）、企业规模（Size）和所处行业（Industry）这三个变量。

公式4－2是验证企业创新战略对企业绩效影响（即假设2）的多元线性回归模型。与公式4－1相比，该模型除自变量更换为企业创新战略（TK）外，其他符号代表的意义相同。

公式4－3是验证企业创新战略对于“企业进入模式—企业绩效”关系的调节作用（即假设3）的多元回归模型。调节作用主要检验自变量之间的互动对因变量的影响，因而在本公式中，我们最为关注的自变量是进入模式与创新战略的乘积（EntryM × TK）。

公式4－4（验证假设4）的含义与公式4－3相同。此时最为关注的自变量是进入模式与研发密度的乘积（EntryM × RDint）。

根据实证模型和理论假设，我们确定了以下具体的研究问题和对应分析的方法（表4－3）。我们用 SPSS 17.0 软件对数据进行处理，主要采用相关分析和回归分析等方法。

表4－3 研究问题与分析方法

研究问题	子维度	分析方法
样本特征描述	企业年龄、企业规模、所处行业、进入模式、创新战略、研发密度	描述性统计分析
控制变量选取的科学性	企业年龄、企业规模、所处行业	单因素方差分析、线性回归、两个独立样本的 t 检验
变量之间的相关程度	进入模式、创新战略、研发密度和企业绩效之间的相关程度	相关分析
进入模式、创新战略与企业绩效的关系	进入模式、创新战略与企业绩效的关系	回归分析
进入模式与企业绩效关系的调节检验	创新战略、研发密度的调节作用检验	回归分析

第二节　创新战略与衍生企业绩效实证检验

一、样本特征

通过删除缺失数据（例如许多企业的专利、新产品个数没有填）、剔除不符合考察范围的样本（例如剔除企业年龄大于10年的样本），笔者最终得到有效样本1 693个。本节对样本进行描述性统计分析，首先总结如表4－4，然后逐点分析。

表 4－4　样本特征的描述性统计

描述统计量					
	N	极小值	极大值	均　值	标准差
企业年龄	1 693	1	10	5.40	2.737
员工数目	1 693	1	12 000	154.49	463.597
所处行业	1 693	0	1	0.41	0.492
研发密度	1 693	0.00	0.97	0.0 239	0.22 751
进入模式	1 693	0	1	0.3154	0.465
创新战略	1 693	0	1	0.31	0.463
有效的 N（列表状态）	1 693				

（一）公司年龄

根据新创企业的定义，该样本在企业年龄方面剔除了所有公司年龄大于 10 年（以 2007 年年底为界）的公司。从公司年龄的角度来看，1 693 家企业的年龄均值是 5.4 年，样本具有较好的代表性。

（二）公司规模

在研究的 1 693 家企业中，企业的雇员总数从 1～12 000 人不等，样本标准差达到 463.597，说明样本的离散程度很高。这是由于本次私营企业抽样调查包括全国 31 个省、自治区和直辖市的 19 个行业类别的企业，一些工业类企业、建筑类企业和制造类企业等劳动力较为密集的企业大大提高了样本的平均值。因此，笔者没有为样本的公司规模设定上限。事实上，样本最终的企业平均雇员数为 154.49 人，依然属于中型企业的范畴，样本具有较好的代表性。

（三）所处行业

根据国家科技部对高科技行业（电子与信息技术、生物工程和新医药技术、新材料及应用技术、先进制造技术、航空航天技术、现代农业技术、新能源与高效节能技术、环境保护新技术、海洋工程技术、核应用技术等）和非高科技行业的划分，通过企业 2007 年所从事的主要业务来判定其是否属于高科技行业。其中，高科技行业被赋值为 1，非高科技行业被赋值为 0。表 4－4 显示，企业所处行业的均值是 0.41，说明在 1 693 家企业中，有 695 家企业属于高科技行业，有 998 家企业属于传统行业。

（四）进入模式

我们将新创企业进入模式划分为衍生企业和非衍生企业。根据我们对衍生企业的定义和度量标准，样本中衍生企业的个数为534家，它们占到了样本总数的31.54%。也就是说，在私营新创企业的来源之中，有31.54%是源于衍生创业。这再一次证明了研究衍生创业的现实意义和必要性。

（五）创新战略

在整个的1 693家样本企业中，采用探索型战略的企业达到525家，采用开发型战略的企业达到1 168家，探索型战略与开发型战略企业的比例为1∶2.22。也就是说，几乎每7家企业中就有5家会采用开发型战略，仅有2家会采用探索型战略。由此可见，整体而言中国私营企业比较倾向于采用开发型战略。

（六）研发密度

从研发密度方面看，私营企业的研发密度最小为0，最高的为97%，均值为2.39%，样本企业研发密度的离散程度很高。这说明一些私营企业根本没有任何研发投入，而另一些私营企业却对研发活动相当重视。

二、控制变量研究

通过文献回顾，企业的特征变量（企业年龄、企业规模等）会对变量产生不同的影响。例如，企业规模显然会影响到企业的绩效；而所处行业是否属于高科技行业也会影响企业的创新战略选择。根据研究需要，在用回归分析进行假设检验之前，我们需要对控制变量选取的科学性进行判断，研究每个控制变量对于因变量是否起到了控制作用。

由于企业年龄、企业规模和所处行业这三个控制变量的属性不同，依次为离散变量、连续变量和虚拟变量，因此我们依次采用单因素方差分析（One-Way Anova）、线性回归和独立样本的t检验来进行分析。在每一个分析中，我们首先严格地使用0.05的显著性水平。事实上，0.1是统计学上被广为接受的显著性水平，而0.01则反映了一个非常理想的检验结果。

（一）企业年龄对因变量的影响

首先来看企业年龄对企业绩效的影响，可知自变量是离散的三分以上变量，因变量是连续变量，因此采用单因素方差分析法。首先要确定自变量的分组数。采用Sturges提出的经验公式来确定组数K。如以下公式：

$$K = 1 + \frac{\lg（样本数）}{\lg 2} \qquad （公式 4-5）$$

计算可得 $K = 11.73$，而该样本的企业年龄均小于 10 年，一共只有 10 个等级。因此，笔者不对企业年龄进行分组，直接进行单因素方差分析法进行分析，分析结果如表 4-5。

表 4-5　企业年龄对企业绩效的影响

企业绩效					
	平方和	df	均　方	F	显著性水平
组　间	18 473. 240	9	2 052. 582	1. 974	0. 039
组　内	1 750 356. 537	1 683	1 040. 022		
总　数	1 768 829. 777	1 692			

由上表可以看出，在仅考虑企业年龄的情况下，企业绩效的总体变异量（1 768 829. 777）之中的 18 473. 240 能够为企业年龄所解释，解释力度达到 1. 04%。F 统计量的观测值为 1. 974，对应的概率 P 值为 0. 039。在显著性水平设定为 0. 05 的情况下，P 值明显低于 0. 05。说明企业年龄对于企业绩效存在显著的影响。

（二）企业规模对因变量的影响

在分析企业规模对企业绩效的影响时，由于自变量和因变量都是连续变量，因此我们采用线性回归的方法进行分析。结果如表 4-6 所示。

首先看 ANOVA 的分析结果，整个模型的 F 值为 83. 571，对应的概率值无限接近于 0，远远低于 0. 05 的显著性水平，因此整个模型非常显著。模型的 R^2 为 0. 047，说明企业规模的变化能解释企业绩效 4. 7% 的变异量，这是一个可以接受的水平。

再来看企业规模与企业绩效之间的关系。t 检验的观测值为 9. 142，其绝对值大于 2；对应的概率值无限接近于 0，远低于 0. 05 的显著性水平要求；相关系数 B 为 10. 012，为正值。根据上述三点可以判定企业规模对于企业绩效存在显著的正向影响。

表 4-6　企业规模对企业绩效的影响

系数							ANOVA		模型汇总
模型		非标准化系数		标准系数	t	显著性	F	显著性	R^2
		B	标准误差	试用版					
1	(常　量)	0.838	1.922		0.436	0.663	83.571	0.000 *	0.047
	企业规模	10.012	1.095	0.217	9.142	0.000			

注：* 预测变量：(常量)，企业规模；

因变量：企业绩效

（三）所处行业对因变量的影响

由于本章将所处行业划分为高科技行业和非高科技行业两种类型，因此在分析行业对于企业绩效影响的时候，自变量为一个二元虚拟变量，此时采用两个独立样本 t 检验的方法就能解释所处行业对于企业绩效的影响。检验结果如表 4-7。

表 4-7　所处行业对于企业绩效的影响

组统计量					独立样本检验					
						方差方程的 Levene 检验		均值方程的 t 检验		
	所处行业	N	均　值	标准差		F	显著性	t	df	显著性（双侧）
企业绩效	1	695	19.29	36.86	假设方差相等	13.76	0.000	2.48	1 691	0.013
	0	998	15.32	28.67	假设方差不相等			2.38	1 247.59	0.017

首先看表 4-7 左半部分的组统计量检验结果。从中可以看出，高科技行业（赋值为 1）和非高科技行业（赋值为 0）两个样本的绩效均值是不同的，高科技行业的绩效均值（19.29）明显高于非高科技行业的绩效均值（15.32）。

再来看表4－7右半部分的独立样本检验结果。第一步，看高科技/非高科技两个样本的方差检验结果：此时的零假设为“两类企业绩效方差相等”，读表可知 F 观测值为13.76，对应的概率 P 值为0.000，远远低于0.05的显著水平。因此，不接受“两类企业绩效方差相等”的假设，认为两类企业绩效不相等。第二步，需要看第二行“假设方差不相等的情况下”均值方程 t 检验的结果。此时的零假设为“两类企业绩效的均值相等”，读表可知 t 的观测值为2.38、其绝对值大于2，对应的双尾概率 P 值为0.017、远远低于0.05的显著水平。因此，“两类企业绩效的均值相等”的零假设不成立，认为两类企业的绩效是不相等的。

至此，笔者已证明高科技行业企业的绩效显著地高于非高科技行业企业的绩效。考虑到我们选取的绩效衡量指标是资本增值率，这个现象也十分容易理解，高科技行业通常进入壁垒较低，所需的主要启动资源是人而非物质财产，初始资产基数较小。因此，在企业发展的过程中，资本增量的变化速度可能会高于非高科技行业。

三、相关分析

相关分析只是给出变量间一个大致的相关结果，是一种不确定性比较高的统计分析方法，其系数并不能非常客观地估计相关性程度，但是作为一种基础的分析工具，它能为后续的研究做好准备。为了研究各变量之间的关系，也为了准备后续的研究，我们进行了变量间的相关分析。各变量间的相关矩阵如表4－8所示。

表4－8　相关分析结果

	企业绩效	进入模式	研发密度	创新战略
企业绩效	1			
进入模式	0.092***	1		
研发密度	－0.041*	0.011*	1	
创新战略	0.148***	0.100***	0.116***	1

注：*** $P<0.01$，* $P<0.10$

读表可知，企业绩效、进入模式、研发密度和创新战略这四个变量之间相关程度都很显著，至少都达到了0.1的显著水平。此外，这四个变量之间相关系数的绝对值都小于0.3，说明变量两两之间的线性相关程度不高，适合于进一步的回归分析。最后，企业绩效与进入模式、企业绩效与创新战略之间的系数均为正值，说明企业绩效与二者的关系是同方向变动的；而企业绩效与研发密度之间的系数为负值，说明二者的关系是反方向变动的。

但是，这样的结果只能告诉我们变量之间的线性相关程度和相关的方向，并不能告诉我们它们之间的因果关系。例如，是探索型战略带来了更好的绩效呢，还是企业绩效提高之后会倾向于采用探索型战略？因此，笔者还需要用回归分析来进一步判定变量之间的因果关系。

四、回归分析

在这一部分，笔者为验证所提出的假设而逐个进行回归分析，分别选用多元线性回归和二元回归（Logistic Regression）的分析方法。

（一）进入模式与企业绩效的关系

为验证假设1a和假设1b，笔者考察进入模式不同的企业，企业绩效是否会不同。由于此时的因变量是一个连续变量，因此笔者采用多元线性回归分析来判别自变量对因变量的影响程度和方向。分析结果如表4－9所示。

表4－9　进入模式对企业绩效的回归分析结果

模型		非标准化系数		标准系数	t	显著性
		B	标准误差	试用版		
1	（常　量）	3.423	2.255		1.518	0.129
	企业年龄	－1.256	0.294	－0.106	－4.275	0.000
	企业规模	11.063	1.161	0.240	9.530	0.000
	所处行业	3.054	1.551	0.046	1.969	0.049
	进入模式	3.962	1.660	0.057	2.387	0.017
F		28.511				
显著性		0.000[a]				
调整后 R^2		0.061				

注：a. 因变量：企业绩效

首先看三个控制变量：企业年龄、企业规模和所处行业。这三个控制

变量的 t 值的绝对值均超过或十分接近于 2，其显著程度 Sig. 值均小于 0.05 的显著性水平。这说明控制变量起到了很好的控制作用。然后，我们再来看整个模型的拟合程度。整个模型的 F 检验值为 28.511，在 0.000 的显著水平上，说明本模型的拟合度非常好。模型调整后 R^2 的值为 0.061，也就是说模型中的变量能够解释企业绩效 6.1% 的变异程度。最后看进入模式这个变量：t 值为 2.387，其绝对值大于 2，对应的检验概率为 0.017，远低于 0.05 的显著性水平。因此，我们认为进入模式这个变量对于企业绩效的影响是显著的。另外，由于该变量的系数为 3.962，为正值，因此我们认为，衍生企业（赋值为 1）比非衍生企业（赋值为 0）的绩效更好。

进一步地，我们还想知道进入模式对于企业绩效的平均影响程度。因为进入模式是一个二元虚拟变量，因此我们可以将整个样本看作是两个子样本的集合（衍生企业与非衍生企业），从而用两个独立样本的 t 检验进行分析。分析结果如表 4－10 所示。

表 4－10　衍生企业和非衍生企业的两个独立样本 t 检验

<table>
<tr><th colspan="5">组统计量</th><th colspan="6">独立样本检验</th></tr>
<tr><td colspan="5"></td><td></td><td colspan="2">方差方程的 Levene 检验</td><td colspan="3">均值方程的 t 检验</td></tr>
<tr><td></td><td>进入模式</td><td>N</td><td>均　值</td><td>标准差</td><td></td><td>F</td><td>显著性</td><td>t</td><td>df</td><td>显著性（双侧）</td></tr>
<tr><td rowspan="2">企业绩效</td><td>1</td><td>534</td><td>21.34</td><td>37.08</td><td>假设方差相等</td><td rowspan="2">16.109</td><td rowspan="2">0.000</td><td>3.81</td><td>1 691.00</td><td>0.000</td></tr>
<tr><td>0</td><td>1 159</td><td>14.93</td><td>29.69</td><td>假设方差不相等</td><td>3.51</td><td>859.98</td><td>0.000</td></tr>
</table>

首先，从两个子样本的均值来看，衍生企业的企业绩效均值（21.34）显然高于非衍生企业的企业绩效均值（14.93）。对这个均值不等的初步分析是否真实，还需要通过独立样本检验来进一步确认。

第一步，先看衍生企业与非衍生企业两个样本的方差检验结果：此时的零假设为“两类企业绩效方差相等”，读表可知 F 的观测值为 16.109，对应的概率 P 值为 0.000、远远低于 0.05 的显著水平。因此，“两类企业绩效方差相等”的假设不成立，认为两类企业绩效不相等。因此，第二步需要看第二行“假设方差不相等的情况下”均值方程 t 检验的结果。此时的零假设为“两类企业绩效的均值相等”，读表可知 t 的观测值为 3.51、其绝对值大于2，对应的双尾概率 P 值为0.000，远远低于0.05的显著水平。因此，“两类企业绩效的均值相等”的零假设不成立，认为两类企业的绩效是不相等的。

以上分析显示，假设1a得到支持，即相较于非衍生企业，衍生企业的绩效更好；而假设1b则未得到支持，即相较于非衍生企业，衍生企业的绩效不会更差。

（二）创新战略与企业绩效的关系

我们再考察一下采用不同创新战略的企业，其企业绩效是否会有差异。由于创新战略和进入模式一样，都是二元虚拟变量，因而，我们采用相同的分析思路：先进行回归分析，再用独立样本 t 检验进行交叉检验。回归分析的结果如表4－11。

从表中可以看出，企业创新战略会对企业的绩效产生显著的影响：该变量的 t 值为3.088，其绝对值大于2，对应的检验概率为0.002，远小于0.05的显著性水平。由于创新战略与企业绩效的相关系数为正值（5.521），因此我们认为，探索型战略（赋值为1）会对私营企业的绩效产生积极影响。

从整个模型来看，整个模型的 F 观测值为29.532，在0.000的显著水平上，因此模型的拟合度非常好。此外，整个模型调整后的 R^2 数值为0.063，也就是说，该模型能解释因变量6.3%的变异程度，模型的解释力度较好。

表4－11　创新战略对企业绩效的回归分析结果

模　型		非标准化系数		标准系数	t	显著性
		B	标准误差	试用版		
1	（常　量）	4.885	2.257		2.164	0.031
	企业年龄	－1.318	0.294	－0.112	－4.487	0.000
	企业规模	10.214	1.218	0.221	8.386	0.000
	所处行业	2.519	1.561	0.038	1.614	0.107
	创新战略	5.521	1.788	0.079	3.088	0.002
F		29.532				
显著性		0.000[a]				
调整后 R^2		0.063				

注：a. 因变量：企业绩效

为了进一步判定创新战略不同的企业绩效差异的水平，我们进行独立样本的 t 检验，结果如表 4－12 所示。

表 4－12　探索型战略和开发型战略的独立样本 t 检验

组统计量					独立样本检验					
						方差方程的 Levene 检验		均值方程的 t 检验		
	创新战略	N	均值	标准差		F	显著性	t	df	显著性（双侧）
企业绩效	1	525	24.08	35.92	假设方差不相等	21.909	0.000	6.155	1 691	0.000
	0	1 168	13.74	30.05	假设方差相等			5.755	867.168	0.000

从组统计量的结果可以很容易看出，探索型战略的企业绩效均值（24.08）比开发型战略的企业绩效均值（13.74）高出 10.34。这个结果是否显著，还需要进一步看独立样本检验的结果。第一步，方差方程的检验结果显著，说明两个样本的方差是不相等的。在这个前提下，我们可以看两个样本的均值是否相等（看 t 检验的第二行）。均值方程 t 检验的数值时 5.755，绝对值大于 2，对应的双尾概率水平是 0.000，远小于 0.05。因此得出结论，两个样本的均值是不相等的。并且，t 检验的现实意义是：平均而言，采用探索型战略的企业的绩效（资本增值率）会比采用开发型战略的企业的绩效高出 10.34 个百分点。

至此，我们可以令人信服地说明：采用探索型战略的企业绩效是高于采用开发性战略的企业绩效的。所以，假设 2a 不成立，即认为采用开发型战略的企业绩效不会更好；假设 2b 成立，即认为采用探索型战略的企业绩效会更好。

（三）创新战略的调节效应检验

接下来，笔者将检验创新战略的调节作用。这需要构造三个模型：模型 1，仅包含控制变量；模型 2，在控制变量的基础之上，加入自变量和调节变量；模型 3，在模型 2 的基础之上，再加入自变量与调节变量的互动（乘积）。分析结果如表 4－13 所示。

表 4－13　创新战略的调节作用检验

	模型 1	模型 2	模型 3
（常　量）	4.011 *	4.301 *	4.341 *
控制变量			
企业年龄	－1.264 ***	－1.308 ***	－1.308 ***
企业规模	11.490 ***	9.851 ***	9.861 ***
所处行业	3.113 **	2.481	2.482
自变量			
进入模式		3.745 **	3.559 *
创新战略		5.344 **	5.150 **
互　动			
进入模式×创新战略			0.538
F 值	36.016	24.704	20.579
显著性	0.000	0.000	0.000
调整后 R^2	0.058	0.065	0.065

注：＊＊＊$P<0.01$，＊＊$P<0.05$，＊$P<0.10$

首先看三个模型的整体显著程度。三个模型的 F 值均在 0.000 的显著水平上，说明三个模型的显著性程度都非常高，其变量都能够很好地解释因变量。

然后，再看三个模型的解释力度。模型 2 加入进入模式和创新战略后，调整过的 R^2 值有所升高（从 5.8% 上升到 6.5%），说明这两个变量对于因变量具有解释功能。但是，模型 3 加入进入模式和创新战略的互动之后，模型的整体解释程度却并没有提高（均为 6.5%）。似乎这个互动的变量并不能解释因变量的变化。但考虑到 R^2 仅显示小数点后 3 位数的精确度的问题，还要进一步看每个变量的显著性程度。

从中可以看出，模型 1 中三个控制变量的显著程度很高，起到了很好的控制作用。模型 2 中进入模式和创新战略两个变量的显著程度相当高、并且系数为正值（分别为 3.745 和 5.344），说明这两个变量在单独情况下，对企业绩效分别有着显著的、积极的影响。但是，在模型 3 中，当加入“进入模式×创新战略”这个互动变量的时候，其 t 检验的结果却不显著（达不到0.10的显著水平，而没有标记“*”）。这说明，创新战略对于进入模式与企业绩效的关系而言，并没有起到任何调节作用。

因而可以得出结论：不接受假设3，即认为企业的创新战略不会调节企业进入模式与企业绩效之间的关系。

（四）研发密度的调节效应检验

检验研发密度的调节作用与检验创新战略的调节作用的统计学检验原理是相同的。我们同样构造了三个模型来加以对比，分析结果如表4－14所示。

表4－14　研发密度的调节作用检验

	模型1	模型2	模型3
（常　量）	4.011*	3.718*	3.993*
控制变量			
企业年龄	－1.265***	－1.293***	－1.307***
企业规模	11.490***	11.093***	11.112***
所处行业	3.114**	3.061**	3.166**
自变量			
进入模式		3.999**	3.611**
研发密度		－6.699**	－18.647***
互　动			
进入模式×研发密度			16.250**
F 值	36.016	23.648	20.517
显著性	0.000	0.000	0.000
调整后 R^2	0.058	0.063	0.065

注：*** $P<0.01$，** $P<0.05$，* $P<0.10$

同样的，首先判定这三个模型的总体拟合程度。由于三个模型的 F 观测值都在0.000的显著水平上，因此三个模型的拟合程度都非常高。

其次，看三个模型的解释力度。调整后的 R^2 从0.058上升到0.063，再上升到0.065，说明随着变量的加入，模型的解释力度是越来越强的。

最后，判断这种增强的解释力度具体来自哪一个变量。由于本节研究的是研发密度的调节作用，因此主要关注“进入模式×研发密度”这个变量的 t 检验结果。可以看出，这个互动变量的 t 检验结果在 0.05 的显著水平上（两颗 *），并且其系数（16.250）为正值。由此可以判定，进入模式与研发密度的相互作用对于企业绩效起着积极的影响。

因此，可以得出结论：接受假设 4，即认为企业进入模式与企业绩效之间的关系会受到研发密度的影响。并且，研发密度越大，衍生企业的绩效越好。

第三节　研究讨论与结论

一、研究讨论

（一）对企业进入模式的讨论

从描述性统计中发现，样本总数为 1 693 家企业，其中衍生企业的个数为 534 家，它们占到了样本总数的 31.54%。这说明在中国的制度环境下，衍生企业是新创企业的重要来源。因而，研究衍生企业这个特殊的市场进入现象，具有十分重要的现实意义。

从回归分析中发现，衍生企业的绩效比非衍生企业的绩效要好。并且，平均而言，衍生企业的资本增值率要比非衍生企业高出 6.41 个百分点。由于我们的样本企业平均年龄为 5 年左右，都是十分年轻的企业。因而说明衍生企业最初成立时从母体企业继承而来的知识、能力或资源，对其前几年的成长有着良好的促进作用。先前的工作经历能帮助创业者拥有更为深刻的行业洞见和更为敏锐的市场触觉，这都有利于衍生企业的生存和发展。

（二）对企业创新战略的讨论

在中国私营企业中，企业的创新战略选择偏好有着显著的差异，而不同战略带来的企业绩效也有所不同。从偏好差异上看，样本企业中，有 69% 选择了开发型战略，仅有 31% 选择了探索型战略。在中国的情境条件下，这个现象不难理解。由于发展中国家（包括中国）的产业在世界产业链条中处于较低的部位，发展中国家在每一个经济发展阶段的产业升级，企业所要投资的是技术成熟、产品市场已经存在、处于世界产业链内部的产业，因而这个经济中的企业对哪一个产业是新的、有前景的产业很容易产生共识。于是，一旦一个“蓝海”被发现，就会有数量众多的跟随者和模仿者涌入市场。在这样的竞争条件之下，后来者（即中国大部分的中小型企业）很有可能直接采用模仿的战略，开发式地利用资源，甚至完全模仿领先者的产品和市场战略。由于中小企业创业初期的资源本来就不充裕，因而这种见效快、耗能少的战略，很容易成为大多数企业的选择。

但是，这种“集体选择”的结果未必是利益最大化的。本研究发现，一般来说，采用探索型战略的企业比采用开发型战略的企业的绩效，显著地高出 10. 34 个百分点。也就是说，探索型战略通常能给企业带来更好的绩效。考虑到本研究的范围是中国私营企业，因而该结论也不难理解。由于中国的整个社会正处于经济的转型和飞速发展阶段，企业面临的是一个动态性水平相当高的环境（林毅夫，2007）。特别是对于私营企业而言，通常缺乏强有力政府背景的私营企业都运营于完全竞争的市场（牛成喆等，2009）。因此，为了改善企业适应环境改变的能力，并且减少技术过时的风险，企业应当采用探索型战略，来帮助企业发展新的知识，从而培养生存和长期繁荣的必要能力（March，1996）。

研究还发现，企业的创新战略对于“企业进入模式—企业绩效”之间的关系并没有调节作用。这就是说，无论企业采取何种创新战略，企业天生的资源禀赋与绩效之间的相互关系都不会受到影响。这主要是因为，企业的创新战略所带来的回报有一定的滞后性。我们使用“企业最近三年的新产品或新专利”来衡量企业的创新战略：一些产品从设计完成到市场化的周期或许远远超过三年，即便成功地市场化，产品的生命周期也必然要先经历利润并不丰厚、甚至毫无利润的介绍期和成长期，然后才能进入给企业带来巨大收益的成熟期。专利也同样面临着能否成功市场化的问题。

（三）对企业研发密度的讨论

描述性统计结果发现，不同企业的研发密度差异很大，但整体而言，中国私营企业研发投入的平均水平很低（仅为 2. 39%）。这说明大部分私营企业并不重视研发活动。

然而，研究却发现企业的研发密度对于“企业进入模式—企业绩效”之间的关系起到积极的调节作用，研发密度越大，以衍生企业为进入模式的企业绩效越好。衍生企业由于天生的资源禀赋，创业者先前的工作经验对于新创企业的市场判断有着重要的影响。衍生企业由母体企业处继承而来的（以衍生企业创业者为载体的）技术资源、市场信息和管理经验，都有利于衍生企业创业者对瞬息万变的市场环境作出正确的判断，明确企业的研发方向。也就是说，投入同样数额的研发经费，衍生企业的研发领域与市场的“契合度（fitness）”是更好的，这个更有目的性的研发活动能够带来更加优良的企业绩效。

二、研究结论

本章的研究结论是：衍生企业的绩效比其他类型的市场进入者要好，这个良好的绩效表现会受到企业研发密度的正向调节，研发水平越高，企业绩效越好；企业的创新战略选择也会影响企业的绩效，但创新战略选择并不会放大或缩小衍生企业绩效的变化程度。

第五章

裂变创业：经验、资源与绩效

在实践中，很多企业的创业组织形式都表现为衍生或裂变，如1983年柯达公司成立了新机会开发部（New Opportunity Development，简称NOD）。NOD主要是帮助企业中的创业家把头脑中的创业构想转化成创业实践，为创业构想的开发和探索工作提供组织支持。NOD扮演的就是创业孵化器的角色，旨在推动具有竞争力的新创企业的诞生。再如，松下公司规定，对于公司内部员工创建的企业，本人出资比例可在30%以下，此后如果公司发展顺利，员工仍然可以通过股票上市或从松下公司回购股份。而且，一旦创业成功，员工还可以从松下公司获得特别奖金。

实际上，裂变创业的企业通常会和母公司保持某种业务上的联系。有意思的是，这种联系会出现两种截然不同的后果：或合作共赢，或互相竞争。这样的例子，在我国著名的通信设备服务商华为公司的身上可谓是屡见不鲜。在华为，裂变出来的企业或者成为华为公司的销售商，或者成为工程代理商或服务代理商，或成为华为公司的原材料（一般是元器件）供应商。这样的话，华为作为内部创业企业的合作方仍具有很强的控制力。从华为技术公司分离出来、现属于华为投资控股公司的全资子公司——深圳市安捷信电气有限公司以生产通讯设备外围配件为主，专门从事移动通讯射频产品、配线设备、工程配套等产品的研发、生产和销售。安捷信公司在配套华为主设备和解决方案的基础上，已成长为国内主要的通信配套设备集成商之一。诸如此类的裂变企业，还有成立于2004年1月，前身为华为集成电路设计中心的海思半导体有限公司。

可以看出，裂变、衍生创业的现象在实际的企业操作层面上层出不穷。在战略管理领域，越来越多的学者也开始从公司层面（firm-level）出发，来研究发生在已建公司裂变创业现象，试图了解、认识公司裂变创业活动对于增强子、母公司竞争优势和绩效的过程与机制，探索新创企业的竞争力的来源，寻找实现公司发展和获取持续竞争优势的有效途径。

第一节 基于资源观的裂变企业绩效

企业家进行裂变创业，主要可从母体组织获取三种相关资源：与管理有关的资源、与技术有关的资源和与顾客有关的资源。结合前文对企业资源的分析，可以认为母体组织的物质资源对企业家裂变创业的影响并不大，而人力资源、组织资源、技术资源以及其他一些无形资源是影响企业家裂变创业的重要因素。母体组织这些资源的异质性与丰富性决定了企业家裂变创业时资源的可获取性，从而影响裂变创业企业的生存能力与竞争力。因此，创业者要想有效进行裂变创业，首先要看自身是否拥有丰富的异质性资源储备。

虽然影响创业绩效的因素具有很大的动态性和模糊性，但以往的研究发现，还是存在一些显著的因素能在一定程度上影响到企业的绩效（李志刚，2007）。企业家的这些与知识、能力相关的先前经验可以创造出更多的经济利益（Ensley et al.，1999）。但在创业初期，由于单靠创业者自身的能力可能不足以解决所有问题，或者缺乏创业过程中所需的各类资源、能力，此时就必须借助社会网络来获取信息或资源以解决问题（Kodithuwakku and Rosa，2002）。因此，企业家的先前经验和企业成长所需的资源，尤其是异质性资源，这两者之间不仅有着很大的关联性，同时对创业绩效有着重要影响。

资源观认为企业管理的战略任务就是定位、发展和配置这一部分与众不同的关键资源，以谋求最大的经营回报（Barney，1991）。从培育新业务的角度看，裂变创业的前提条件之一是企业有着丰富的异质性资源。如果这些资源同时呈现出非组织化特性、资源分布的集中程度高，并且其载体具有较强的企业家精神，则裂变就具备了可行性。此外，裂变发生与否还受到资源间的联系等制约，只有当新业务资源与企业的核心资源存在一定程度的关联时，裂变创业才是理性的选择。

一、假设提出

（一）创业者经验与企业绩效的关系

依据经验主义学派的观点，成功的管理者经验是企业取得成功不可或缺的因素（Drucker，1954）。事实上，在裂变创业的具体环境中，创业者的经验在企业内外都有着显著的影响。总体来说，创业者经验在四个方面影响着企业：行业机会、组织能力、网络能力以及企业家态势。

创业者的管理经验对于新创企业的成长和成功来说是非常重要的（Bruderl and Preisendorfer，2000），尤其是当新创企业活动与过去所从事的行业相关时，将有助于资源在优秀管理逻辑下得到整合与应用（Hisrich and Peters，1989）。从一般意义上讲，由有管理经验的人管理的公司比无管理经验的人管理的公司更容易成功（Lussier，1995）。

实证研究显示，新创企业的绩效与创业者的个人经验有很大的关系。

在一项针对意大利个人创建高新技术企业的研究发现，具备创业经验的创业者比不具备创业经验的创业者在多个方面表现更出色，其中也包括创新活动（Chiesa and Piccaluga，2000）。Dahlstrand（1997）在瑞典所作的研究也得到了相同的结论。因此：

假设 1a：创业者经验与新创企业绩效呈正相关性。

但在另一方面，创业者的经验也会产生负面效应。由于路径依赖的影响，具有正反馈机制的体系一旦在外部偶然性事件的影响下被系统所采纳，便会沿着一定的路径发展演进，很难为其他潜在的甚至更优的体系所替代（刘元春，1999）。实施裂变创业行为的创业者，必然具有两个或以上企业的工作经历。因此，创业者个体成长所具有的路径依赖效应在裂变后创建新企业的过程中会有充分表现：创业者极大地依赖于前期的经验、技能和知识。一方面，创业者实施裂变创业，依赖于母体企业某种形式的支持，这种支持可能表现为资源积累、能力培养、信息提供等；另一方面，创业者在新创企业的战略实施、策略行为，极大地受到以往经验的影响。当企业家过分依赖原有的经验时，对于机会的发现、识别、比较等都会产生不利的影响。企业家过去的失败经验往往会束缚创业者，使创业者缺乏打破局面的勇气和魄力，从而出现失败引致更多失败这种具有“马太效应”的恶性循环。创业者的经验非但无法对企业绩效产生正向的推动作用（Sandberg and Hofer，1987），反而对企业的绩效产生负面的影响（Ven，1984）。因此：

假设 1b：创业者经验与新创企业绩效呈负相关性。

（二）创业者经验对母体企业资源的影响

裂变企业与母体企业建立的联系主要体现为建立并利用母体的企业网络。裂变企业的网络包括个人网络（personal network）和母体网络（parent network）。联系的形式包括市场导向或社会导向、联系的嵌入程度、正式或非正式的联系等方面。新创立的裂变企业通过该网络可以与母体企业建立紧密的联系，从而更有效地利用母体企业的资源。而创业者的经验正是网络传输资源的纽带（Zhao，2006）。一方面，创业者的经验能够使得新创企业更好地利用市场机会、进行内部管理以及把握社会资本。在这种情况下，裂变企业从母体公司继承资源就有很强的专用性和目的性

(Phillips，2002)，从而创造更好的企业效益。另一方面，如果是母体企业支持的裂变创业，在看到新创企业能够很好地利用从自身转移、共享的资源时，母体企业也会加大对新创企业扶持力度，向新创企业输入更多、更具有异质性的资源，使得新创企业的绩效达到母体企业的期望，这也是母体企业采取裂变战略的一个目的。

经验的累积可以使创业者确认创业时本身需要何种知识、技能，而在积累经验的过程中，创业者也可以提升自身的财务水平，满足未来创业所需（Raijman，2001）。因此，企业进行裂变创业时能否从母体组织获取以上几种主要资源，创业者经验及其形成的社会资本起着十分重要的作用。因此：

假设2：创业者的经验与新创企业继承或者转移母公司的异质性资源呈正相关性。

（三）母体企业中的异质性资源对新创企业绩效的影响

裂变企业的网络十分复杂，它包括若干个子网络：知识技术创新网络、营销网络和声誉网络等（Lechner and Dowling，2003）。对于新创立的裂变企业来说，在网络中获得创业资源和在市场上取得合法地位是至关重要的。首先，当新创企业从母体企业裂变出去时，资产必然存在不同程度的转移。这些资产可能是专有资产，也可能是非专有资产（Dierickx and Cool，1989）。专有资产诸如专利和设备等可以通过交易获得；非专有资产主要是知识和例行常规等，这些是以知识或者信息的方式给予传递并沉淀到新创企业中。其次，获得所在市场的认可对于一个裂变的新创企业来说是非常重要的。当一个新创企业出现在市场中时，对于其商业伙伴来说，由于缺少历史记录，这个新创企业的可信度是难以确定的。在这种情况下，双方要建立起合作关系是非常困难的，而联盟的重要性就显现出来了。因为联盟伙伴不仅为新创企业提供了市场机会，更重要的是为其他潜在的商业伙伴提供了信号：这个新创企业是可以信赖的（Stuart，1998）。裂变企业与母公司保持联系，为它们自己提供了一个市场的合法地位，以使它们能够获得新的客户和商业伙伴。

资源是任何企业创建和成长的基础，甚至有可能使企业持续地获得竞争优势（Barney，1991）。一般认为，这些资源在企业间是呈不对称分布的，特别是对于那些作为企业持续竞争优势来源的、不易模仿和不易替代的资源更是如此。在创业初期，除了裂变企业从母体企业中继承和转移的资源与创业机会以外，企业很难拥有其他竞争优势。资源禀赋构成的异质性决定了微观层面创业行为的随机性与多样性，外化为某个行业内的新创企业并非天然优于其他行业内的新创企业，而某些企业的新创企业绩效却天然优于其他企业家的新创企业绩效。其中，异质性资源就起到了关键性作用。因此：

假设 3a：新创企业从母体企业获得的异质性资源与企业绩效呈正相关性。

正如前文所述，裂变企业与母体企业的资源纽带能对新创企业起到很大的帮助和推动作用。但在另一方面，这种资源的输入也会有负面影响。尤其是当裂变企业过度嵌入到母体的资源孵化器中，形成唯一的依赖时（Uzzi，1997）。一方面，与母公司保持一种密切合作关系，会使新创企业暴露在特定关系的投资风险中。过多的由特定关系带来的投资会降低裂变企业利用自己的能力与其他企业建立联系的意愿，同时不主动去发展与母体企业需求无关的能力。另一方面，新公司往往会受到资源限制，使得企业不可能把它们的资源分散于多个领域。因此，裂变企业把母体企业作为商业资源的保障会感到非常安逸，从而大大降低了寻找新的客户或投资新产品的主动性（Elfring and Baven，1996）。当这种情况发生时，与母体企业无关的资源就很难发展，这势必会阻碍新创企业的持续发展，并且当裂变企业与母体企业出现资源冲突的时候，会使其处于十分被动的地位。

同时值得注意的是，裂变创业企业毕竟是新创企业，而且极有可能与母体企业在同一领域内竞争。那么在这个时候，新创企业就很难从母公司中继承和转移有价值的异质性资源。而对于新创的中小企业来说，一般不存在明显的资源积累或者沉淀，它们缺乏产生竞争优势的重要资源（Greene and Brown，1997；Zahra and Bogner，2000）。此时就必须通过社会网络结构获取信息或资源以解决问题（Kodithuwakku and Rosa，2002），而从母体公司里面获取的资源，很可能是母体公司所抛弃的，并视为对新创企业无利用价值的资源，这会对新创企业的运行造成负担。因此：

假设 3b：新创企业从母体企业获得的异质性资源与企业绩效呈负相关性。

（四）创业者经验、异质性资源和企业绩效的相互影响

一般来说，作为母体企业获取竞争优势的战略性资源总是裂变创业所需要的关键性资源。这种战略性资源经常以信息或知识的形式表现出来。它们在企业内部的分布形式会影响企业的裂变战略。当这种关键性资源在企业内部分散于多个部门并且与组织密不可分时，企业家裂变创业从母体组织获取资源的能力就越弱，裂变创业的可能性就越小（青木昌彦，2001）。当企业内部关键性资源相对集中于少数的管理者或技术人员身上，且对拥有资源的主体激励不当时，这些关键资源的掌控者进行裂变创业的可能性就很大（Zingales，1998）。

资源基础观认为企业所拥有的资源、能力的不同决定了企业的竞争优势，经营绩效也必定存在差异（Wernerfelt，1984；Barney，1991；Prahalad and Hamel，1990）。有价值的、稀缺的、难以模仿的资源为企业的竞争优势奠定了基础（Amit and Schoemaker，1993；Barney，1991）。有形资源是企业间获利水平差异的原因（Jacobson，1992）。无形资源是企业竞争优势具有决定性作用的因素（Grant，1996），因为无形资源往往是稀缺的，且比较复杂，因而也难以模仿（Barney，1991；Black and Boal，1994；Itami，1987；Aaker，1989；Peteraf，1993；Rao，1994），并且公司资源禀赋尤其是无形资源很难在短期内改变（Teece、Pisano and Shuen，1997）。而随着知识经济时代的到来，人力资源变得越来越重要，因为知识是获取竞争优势的关键因素，尤其是对于新经济体而言（Grant，1996），人力资源被看成是大部分公司的关键资源（Pfeffer，1994）。

裂变企业必然意味着人力资源从母体企业向新创企业的转移，而且围绕着创业者及其团队这一核心资源，还包括关系网络、客户联系、知识资本等其他大量的有形和无形资源。那么，裂变创业转移和复制的这些资源的数量和质量，这些资源的前后关联程度，以及这些资源的后续开发和利用，势必会影响新创企业的成长绩效。而新创企业能否马上实现构建资源优势的目标，依赖于母体企业被转移资源的关联性、异质性、优质性和系统性，以及创业者转移战略资源的独特能力和整合互补资源的有效程度。只有当利用创业经验，整合一些有价值的战略资源，为新创企业提供能产生竞争优势的要素支撑后，创业经验才能转化为良好的企业绩效。这是因为创业经验能保证创业者更好地识别哪些资源是战略性资源，哪些资源是无助于价值创造的。创业经验也能促使创业者以更有效率的方式来组织使用公司内外部的战略资源，优化资源配置。概言之，创业经验通过异质性

资源的获取与整合，将对新创企业绩效产生间接效应。因此：

假设4：异质性资源在创业者的经验与企业绩效之间有显著的中介作用。

根据竞争性市场的观点，机会代表着一种通过资源整合、满足市场需求以实现市场价值的可能性（Kirzner，1973）。这种潜在的市场需求如此旺盛，因而对创业者来说，满足该需求的商业活动相当有利可图（Hulbert et al.，1997）。对机会的把握事实上意味着创业者探寻到的潜在价值（value sought）（Ardichvili，2003），或者称之为部分创业者能够发现特定资源的价值，而其他人不能做到这一点（Kirzner，1979；Casson，1982）。而企业家社会资本的三个维度：关系维度（网络中两个主体间的关系，例如主体间的信任、行为标准、责任、身份等）、结构维度（网络中不同关系的组成，例如网络的接点、不同关系的构成，网络的组织形式等）、认知维度［共享的编码或语言，网络的文化因素等决定企业家在从事裂变创业时对市场机会的发现与资源的获取能力（Nahapiet and Ghoshal，1998）］。

在创业早期阶段，企业家通过行业经验来开发社会资本的潜在市场价值；通过创业经验来扩大社会资本的显性市场价值；通过管理经验来谋求新创企业的管理有序性，抢占并逐步扩大裂变企业的市场份额，以谋求企业的生存和发展。在这些异质性资源的影响下，创业者经验所起到的作用能够得到更充分的发挥，从而使新创企业获取更好的绩效。因此：

假设5：异质性资源在创业者经验与企业绩效之间起调节作用。

二、变量衡量

（一）自变量

创业者的经验有很多种，但是学者们一般都是按照企业家过往的管理、技术、创业经历等方面进行划分的，较为统一。在综合前人研究的基础上，本研究认为，Bird（1993）把衡量创业者过去的经验分为：行业（技术或市场）经验、管理经验和创业经验三个方面。这种划分具有较好的全面性和综合性。因此，在本研究中，笔者采用Bird的方法，以组成创业者经验的要素作为自变量，这些变量涉及企业家经验、能力的各个主要方面。这些自变量分别为：行业经验、管理经验和创业经验。

（二）因变量

我们用企业的各种资源，包括物质资源、组织资源和人力资源，作为因变量之一。Short、Palmer 和 Ketchen（2002）用资本投资来衡量物质资源，包括资金和物质资产（生产场所和设备）的投入。潘镇、鲁明泓（2005）用注册商标［全国名牌（5），省级名牌（4），市级名牌（3），一般品牌（2），无注册商标（1）］来衡量技术资源。Lippit 和 Schmidt（1967）、Russo 和 Fouts（1997）以及 Kao（2003）等人用信息、声誉和企业文化来衡量组织资源。还有学者开发的人力资源量表中有三个维度：教育、工作经验和能力（Aryee，1994）。Carmeli 和 Tishle（2004）一般都用教育和工作经历来衡量人力资源，而因为衡量困难，很少用能力来衡量人力资源。Cooper 和 Gimeno-Gascon（1992）用创业者的工作经验来衡量人力资源。Greene 和 Brown（1997）强调了人力资本，尤其是教育、工作经验是主要因素。而本研究是以创业者的经验为自变量，林强（2005）用管理资源和人才资源来衡量人力资源。结合研究成果，通过表 5－1，我们衡量资源因子的指标如下：

表 5－1 资源的分类和衡量指标

资 源	子维度	衡量指标
物质资源	财务资源	资金资助和贷款
	实物资源	办公场地和固定生产设备
组织资源	技术资源	科技帮助和专利产品
	信息资源	采购信息、经营信息和知识信息
	制度资源	企业文化和政策支持
	声誉资源	品牌和顾客
人力资源	管理资源	管理咨询与策划服务
	人才资源	高素质的全职和兼职人员

企业绩效是本研究的因变量。本研究参考 Covin 和 Slevin（1991）、Lumpkin 和 Dess（1996）以及 Wiklund（1999）等人的观点，同时使用公司的成长性与赢利性来衡量企业的绩效。具体来说，本研究选择了两个指标来衡量企业的绩效，即用来衡量企业成长性的销售收入增长率（Brush and Vanderwerf，1992；Chandler and Hanks，1993；Fombrun and Wally，

1989；Tsai、MacMillian and Low，1991），以及用来衡量企业赢利性的资产回报率。

（三）控制变量的选择和测量

企业的创业行为会受到多个因素的影响。裂变型创业则有其典型的影响因素。前人的研究表明，企业所处行业的不同会导致组织环境的差别，不同行业的技术机会会有差异，而且在促进学习（Li，1995）和盈利能力（Brown and Garten，1994）等方面的能力也各不相同。因此，行业对实施内部创业的企业的绩效影响很大（Li，1995；Brown and Garten，1994）。Barringer 和 Bluedor（1999）通过对美国 169 家制造型企业的实证研究发现，企业的创业行为与企业规模有关。企业规模可能会影响企业的技术学习（Dodgson，1993）和学习能力（Simonin，1997），进而影响企业的裂变创业程度和盈利能力。同时，企业裂变的战略也是影响企业裂变的重要因素（McDougall，1987；McDougall、Robinson and Denisi，1992）。研究发现，得到母体企业支持的裂变公司要比没有得到母体企业支持的裂变公司成功的可能性大得多（Stenffensen，1999）。因此我们也选取了一些可能会对企业创业行为有影响的因素作为控制变量：裂变战略和所处行业及公司规模。

由于本章所研究的是裂变型创业企业，而在前文中已有论及裂变战略分为两种：一种是计划型裂变，一种是自发型裂变。前者所得到母体组织的支持是后者难以望其项背的。因此，在分析时，分别赋值为：0 = 自发型裂变；1 = 计划型裂变。

有些学者将行业进行分类，设为虚拟变量（如 Hitt and Ireland，1985；Zahra，2000；Antoncic and Hisrich，2005；张映红，2005）。参照 Antoncic 和 Hisrich 等人（2005）以及张映红（2005）的研究，由于样本规模相对较少，笔者把行业概括为非高科技行业和高科技行业两类而纳入回归模型（行业赋值：0 = 非高科技行业；1 = 高科技行业）。

一般来说，衡量公司规模大小可选择员工人数、资产规模等，在研究企业内部创业问题时，公司规模更多的是以企业全职员工人数进行衡量（Zahra，2000），因此本研究将用 2007 年的企业全职员工人数作为公司规模的衡量指标。以员工人数作为衡量标准分为三类：小型企业（员工人数≤100）、中型企业（100 < 员工人数≤500）和大型企业（员工人数 > 500），在分析时，分别赋值为：1 = 小型；2 = 中型；3 = 大型。

三、分析方法

根据实证研究框架，本研究确定了以下具体的研究问题（参见表5-2），用 SPSS 16.0 统计分析软件对数据进行处理，主要采用信度分析、因子分析、相关分析和方差分析等方法。

表 5-2 研究问题与方法

研究的问题	子维度	分析方法
样本特征描述	公司年龄、公司规模、所处行业、战略	描述性统计
控制变量描述	公司规模、所处行业、战略	方差分析、t 检验
经验与资源、绩效关系的特征描述	经验、资源、绩效	相关分析、信度分析、效度分析、因子分析、回归分析

本研究采用问卷调查方式收集企业创业行为类型以及企业绩效方面的数据，利用 SPSS 16.0 软件对数据进行分析。问卷设计将参考国外学者的相关设计，将设计好的问卷先交给几个企业经理进行简单的预测试。测试后将对问卷中的内容以及措词进行修改和完善，然后在进行问卷效度与信度的统计分析基础上，对问卷进行修改，最后才向样本企业发放正式问卷。

根据研究框架和访谈结果，问卷主要包括三个部分：一是企业“创业行为”的测量，具体包括“母公司裂变”和“子公司创业”两个子维度；二是“企业具体特征”的测量，具体包括“经验”、“资源”和“财务表现”三个子维度；第三部分是被访者的基本背景资料。问卷正文采用的是 Likert5 级量表。Berdie（1994）认为，5 级量表是最可靠的；吴明隆（2003）认为当选项超过 5 级时，一般人难有足够的判断能力。

四、数据收集

本章的研究对象是经济发达地区的企业，特别是珠江三角洲和长江三角洲地区有效开展裂变创业活动的一些民营企业、上市公司等，我们采用的是问卷调查的方法对公司创业者的经验、资源能力、绩效等重要因素进行考量。问卷资料采用电子邮件发放和邮寄法，珠江三角洲地区样本企业主要通过中山大学创业研究课题组向中山大学科技园以及深圳南山区某孵化园里的企业发放，部分问卷是通过中山大学创业中心向管理学院和岭南学院 EMBA 学员以及一些 MBA 学员所属的各个单位的高级管理者发放。长江三角洲地区样本企业主要通过朋友向杭州市最大的钢材贸易市场——杭州运河钢材市场，问卷对象基本都是企业主或高级经理人。从阶段性步骤来讲，先重点对一些初稿进行收集，完成收集后，对重点企业的有关答题人进行个案访谈，征求答题中的意见，然后再由专家和高级经理人进行初步测试，对问卷初稿进行二次修改，进一步提高其实证分析的效度（Validity）和信度（Reliability），然后再进行大规模的问卷调研。在对相关内容进行检验分析的基础上，最后要对原有理论中的假设部分进行修正，以提高理论的现实性与逻辑性。

笔者在珠江三角洲地区共发放了 300 份问卷（电子版加印刷版），回收 103 份（其中电子版 82 份，印刷版 21 份）；在长江三角洲地区共发放了 300 份（印刷版），回收问卷 183 份。截止到 2007 年 3 月 25 日，共发放问卷 600 份，回收 286 份，回收率是 48%。回收问卷后，笔者在录入数据过程中对问卷进行了筛选，并按照以下标准剔除无效问卷：非裂变型创业的企业；对问卷主要题项回答不完整，缺失答案过多；量表选项全部为极端值（所有量表题项全部选 1 或 5）或者有规律地选择数值；在测量统一维度测量时，出现答案逻辑极端相反超过 3 次；企业年龄大于 10 年的；问卷作答者在其企业中的职位为一般员工。按照上述原则，剔除不符合标准的问卷 185 份，最终选取的有效问卷为 101 份，有效问卷回收率为 17%。

对回收的数据，笔者采用 SPSS 16.0 软件进行分析，数据分析中采用了描述性统计、因子分析和方差分析等。

五、样本特征

（一）公司年龄

本样本剔除了所有公司年龄大于 10 年（以 2008 年年底为界）的公司。从公司年龄的角度来看，在总共 101 家有效样本企业中，企业年龄为 1～5 年的公司有 66 家，占样本总数的 65.3%，6～10 年的公司有 35 家，占样本总数的 34.7%。总体来看，合格的样本企业都属于较为年轻的企业，这也符合新创企业的特点。

（二）公司规模

根据前述对企业规模的划分标准，对样本企业进行统计，其结果表明，样本中的大型企业（员工人数>500）共10家，占样本总数的9.9%；中型企业（100<员工人数≤500）共4家，占样本总数的4.0%；小型企业（员工人数≤100）共87家，占样本总数的86.1%。总体来看，样本企业以小型公司为主，对于研究新创立的公司来说，这在规模上具有较强的代表性。

（三）行业类别

本样本中，根据高科技行业（电子与信息技术、生物工程和新医药技术、新材料及应用技术、先进制造技术、航空航天技术、现代农业技术、新能源与高效节能技术、环境保护新技术、海洋工程技术、核应用技术等）/非高科技行业两分法，高科技行业有17家，占16.8%；非高科技行业有84家，占83.2%。从行业结构来看，这个比例虽然和我国及广东省的产业机构有所差异，但是考虑到样本中有相当一部分是来自杭州运河钢材市场里的，所以这一点不同可以忽略。

（四）企业裂变的战略选择

本样本中，根据企业裂变时战略不同而分为计划型裂变和自发型裂变。在分析中可以发现，计划型裂变企业有51家，占50.5%；自发型裂变企业有50家，占49.5%。从中可以看出，两种裂变战略几乎是相等的。这一点和国外的研究大致相同（Ann，2007）。

（五）裂变企业所处的成长周期

新创企业的一个重要特性就是企业成立的年限较短，故而在取舍样本时把企业成立年龄大于10年者舍去，而在之前控制变量的选择方面，也把以往创业研究中普遍选择的“年龄”控制变量舍弃，换成企业的成长阶段。相信这种选择在本研究中能够起到更好的作用。而在样本分析中，处于种子期的企业（目前最主要的任务就是进行产品开发，公司更像是一个研发团队，大部分员工在做和技术相关的工作）有2家，占2.0%；初创期的企业（目前已经拥有了一个试销对路的产品，但是公司在整个市场上还没有很牢固的地位）有63家，占62.4%；扩张期的企业（销售额和员工数量快速增长，最主要的任务就是加速生产和扩大销售，公司各个职能部门的建设走向正规化）有21家，占20.8%；成熟期的企业（主要任务是稳步推进现有市场的份额，企业的组织结构制度和流程趋向正规，并且公司已经形成较为稳定的高层管理团队）有15家，占14.9%。从上述比例看出，绝大部分企业属于初创期和扩张期，这正符合我们研究新创企业这一基本载体的性质。

（六）问卷回答者在公司的职位

本样本在被访者方面剔除了所有作答者为基层管理者或以下职位的问卷。对这份调查问卷的作答者的职位进行分析表明，有74.8%的人是公司高层管理人员，25.2%的人是中层管理人员。这表明所有的调查数据均来自于企业的中高层管理人员，而他们对公司的战略行动、特别是裂变创业最为熟悉（Miller，1983；Zahra，1991）。因此，这些调查数据能较为准确地反映公司的整体战略情况，这与我们关于“公司层面的创业活动”的研究视角是相符的。

第二节　经验、资源与裂变企业绩效实证检验

一、信度分析检验

对于创业者经验的衡量，笔者在样本中直接询问创业是否有足够的管理、行业或者创业经验，由于样本中所有访谈者在企业中的地位都比较高，甚至70%的问卷调查者为公司成立时的核心创业者，而剩余的调查对象也是贴近和熟悉核心创业者的企业中高层管理人员，因此数据来源较为可靠，通过SPSS 16.0对内部一致性的分析，得出Cronbach a值为0.775，显示量表信度良好，测量结果可靠。

二、效度分析检验

（一）内容效度

本研究在设计及实施中还重点考虑了效度指标。效度是指实证研究在多大程度上反映了概念的真实含义（Babbie，1999），是研究方法、研究结果正确性和研究对象特征精确性的反映（秦伟、吴军等，2000）。在案例研究和扎根理论研究方法中，决定效度的关键是案例（被研究对象）选取与研究目的一致性。本研究主要通过以下努力来提高效度水平：

第一，选定的企业样本要具有明显的“裂变型创业”特征；

第二，个案选择尽量体现出创业状况、创业绩效的差异性，从而增强代表性；

第三，选择的企业个案应该能够提供关于裂变创业的丰富信息，或能收集到大量的相关信息。

（二）结构效度

结构效度是指测量结果体现出的某种结构与测量值之间的对应程度。结构效度一般用因子分析法进行分析。尽管我们采用的是成熟量表，但针对不同的调查对象，其量表的适用性还应进一步验证。因此，下文为检验内部创业及其影响因素变量的有效性，对两个变量进行了因子分析。

我们使用 SPSS 16.0 软件对调查问卷中的企业资源变量考察的 8 项指标进行了主成分因子分析。表 5 - 3 给出因子分析的 KMO 和球形 Bartlett 检验结果。Bartlett 球度检验的概率 P 值为 0.000，即假设不成立，也就是说，可以认为相关系数矩阵与单位矩阵有显著差异。同时，KMO 值为 0.775，根据衡量标准可知，原变量适合进行因子分析。

表 5 - 3　KMO 和球形 Bartlett 检验

KMO 取样适合性		0.775
巴氏球面性检定	卡方检验值	216.025
	df	28
	显著性	0.000

表 5 - 4 显示的是因子分析中的原有变量中总方差被解析的列表。该表由三部分组成，分别为初始因子解的方差解释、提取因子解的方差解释和旋转因子解的方差解释。Initial Eigenvalues 部分描述了初始因子解的情况。第一个因子的特征根为 3.204，解释了 8 个原始变量总方差的 40.048%；第二个因子的特征根为 1.403，解释了 8 个原始变量总方差 17.541%，累计方差贡献率为 57.589%。

表 5－4　因子分析的总方差解释

因　子	初始特征值			旋转前提取因子的载荷平方和			旋转后提取因子的载荷平方和		
	特征值	方差贡献率	累计贡献率	特征值	方差贡献率	累计贡献率	特征值	方差贡献率	累计贡献率
1	3. 204	40. 048	40. 048	3. 204	40. 048	40. 048	2. 483	31. 042	31. 042
2	1. 403	17. 541	57. 589	1. 403	17. 541	57. 589	2. 124	26. 547	57. 589
3	0. 779	9. 736	67. 326						
4	0. 735	9. 192	76. 518						
5	0. 624	7. 797	84. 315						
6	0. 518	6. 479	90. 794						
7	0. 455	5. 690	96. 484						
8	0. 281	3. 516	100. 000						

提取方法：主成分分析

表 5－5 显示的是旋转后的因子载荷矩阵，从表中可以看出，8 个变量可以分为两类因子：财务资源、实物资源和技术资源为一类；信息资源、制度资源、声誉资源、管理资源和人才资源为一类。笔者可以将第一类资源归类为“有形资源”，第二类资源归类为“无形资源”。

表 5－5　旋转后的因子载荷矩阵

	因　子	
	1	2
财务资源		0. 769
实物资源		0. 882
技术资源		0. 736
信息资源	0. 606	
声誉资源	0. 722	
制度资源	0. 787	
管理资源	0. 665	
人才资源	0. 659	

三、控制变量与创业资源、企业绩效的关系

在因子分析后，对相关的控制变量进行比较，主要比较各因素的平均数。利用方差分析的方法，分析数据中不同来源的变异对总变异贡献的大小，从而确定实验中的自变量是否对因变量有重要影响（张厚粲，1988）。而基本描述统计是通过平均数和标准差说明问卷数据的集中程度和分散程度。因此，本研究将通过对企业规模、企业成长阶段、行业和战略选择的独立样本 t 检验和单因素方差分析（One-Way Anova），得出创业行为在样本不同分类之间的差别。

（一）行业对各研究变量的影响分析

从表5－6可以看出，行业对有形资源和无形资源有显著影响，对绩效没有显著影响。这可能是由于高科技行业一般需要大量的资金、技术等有形资源，同时也需要一定数量的声誉资源、人才资源等才能够更好地实施裂变战略（林强，2007）。那么，由母体企业支持的新创企业就能够从中继承和转移大量的异质性资源。即使那些没有母体企业支持的属于裂变创业的企业，也往往会想方设法通过与社会关系网络成员之间的积极互动来获取诸如财务支持或商业信息等资源，构建有价值的个人或组织关系、发现销售机会等以保证新企业的生存（Reynolsds and White，1996）。而非高科技行业则不需要大量的启动资源作为必须条件，以进行裂变企业的创立和成长。然而研究发现，当行业作为控制变量影响绩效时，其对绩效并没有显著影响。这一点也正好符合实际情况，绩效表现优秀的企业并非由行业决定的，因此不能武断地说，高科技行业和非高科技行业中一种行业企业的绩效天然优于另外一种行业企业的绩效。

表5－6　行业对各研究变量的 T 检验结果

研究变量	均　值		T　值	显著性
	非高科技行业（84）	高科技行业（17）		
有形资源	2.088 7	3.381 0	－3.179**	0.002
无形资源	2.902 1	3.485 7	－2.072*	0.041
绩　效	2.223 4	2.523 8	－1.830	0.070

注：括号中的数字为样本数量

**$P<0.01$，*$P<0.05$

（二）规模对各研究变量的影响分析

从表5-7可以看出，规模对于企业的有形资源、无形资源和绩效都有显著影响。规模越大的企业获取的资源越多，其绩效也越好。在企业实行裂变的时候，如果一个新创企业能够吸引到大量的人才加入，那么由于这些人力资源带来的集聚效应，企业所获取的其他方面的资源也会越多（Koster，2004）。而这些资源在一起产生的影响，势必会作用到新创企业的绩效表现方面。

表5-7 规模对各研究变量的方差分析结果

研究变量	均值			*F* 值	显著性
	员工人数≤100（87）	100<员工人数≤500（4）	员工人数>500（10）		
有形资源	1.9732	2.6667	3.7667	16.690**	0.000
无形资源	2.8368	3.1500	3.7800	8.839**	0.000
绩效	2.1992	2.2500	2.6333	5.086**	0.008

注：括号中的数字为样本数量

$**P<0.01$

（三）战略对各研究变量的影响分析

从表5-8可以看出，企业的裂变与资源、绩效变量都存在显著关系，并且母体企业推动的衍生新创企业获取的资源明显比自发型裂变企业获取的资源要多，前者的企业绩效也优于后者。这一点已经在前文有说明，当裂变企业是由母体企业安排的计划型时，它就能从母体企业中获取大量的有价值的资源。而当裂变战略属自发型时，裂变创业企业毕竟是新创企业，而且极有可能与母体企业在同一领域内竞争。此时，新创企业就很难从母公司中继承和转移异质性资源。而对于新创中小企业来说，一般不存在显著的累积资源，他们缺乏产生竞争优势的重要资源（Greene and Brown，1997；Zahra and Bogner，2000）。

表 5－8　战略对各研究变量的方差分析结果

研究变量	均值		T 值	显著性
	计划型裂变（51）	自发型裂变（50）		
有形资源	2.751 6	1.593 3	－6.334**	0.000
无形资源	3.396 1	2.480 0	－8.071**	0.000
绩　效	2.339 9	2.146 7	－2.340*	0.021

注：括号中的数字为样本数量

** $P<0.01$，* $P<0.05$

四、相关分析

表 5－9 是对经验、资源和企业绩效三者的相关分析。其中经验取三个维度的加权平均值，异质性资源取八个维度的加权平均值，绩效取两个维度的加权平均值。由此可以看出：经验与异质性资源呈显著的正相关性；经验与裂变企业绩效呈显著的正相关性；异质性资源与裂变企业绩效也呈显著的正相关性。

表 5－9　经验、资源与绩效的相关分析

变　量	经　验	资　源	绩　效
经　验	1		
资　源	0.489**	1	
绩　效	0.336**	0.402**	1

注：** $P<0.01$

表 5－10 显示的是经验的三个维度与企业异质性资源、裂变企业绩效的相关分析。结果显示，经验、资源与绩效两两相关。这为假设 1、假设 3 的验证提供了较好的基础，也为假设 2 和假设 4 的验证提供了支撑。但是具体到对经验的各个子维度和资源的两个子维度的分类分析时发现：行业经验与无形资源和绩效呈正相关性；管理经验与资源和绩效都不具有相关性；创业经验与有形资源、无形资源以及企业绩效呈正相关性；有形资源与企业绩效呈正相关性；无形资源与企业绩效呈正相关性。

表 5－10 创业者经验各维度与资源、绩效的相关分析

变　量	行业经验	管理经验	创业经验	有形资源	无形资源	企业绩效
行业经验	1					
管理经验	0.339**	1				
创业经验	0.067	0.086	1			
有形资源	0.159	0.058	0.341**	1		
无形资源	0.258**	0.149	0.333**	0.814**	1	
企业绩效	0.366**	0.047	0.235**	0.262**	0.377**	1

注：＊＊$P<0.01$

五、回归分析

各研究变量的相关分析展示了变量之间的两两相关程度，但这并不能完全揭示研究变量之间的关系，从而验证研究假设。因此，下文将在相关分析的基础上，综合考虑控制变量以及同一维度的各个子维度之间的相互影响，利用回归分析来进一步验证各研究变量之间的因果关系。

（一）经验各维度与资源各因子的回归分析

这里将考察经验各个维度对资源各个细分因子的影响。回归方程的第一步是以控制变量为自变量，以资源各因子为因变量进行回归；第二步是将经验的各个维度放入回归方程中，考察其对资源各因子的影响。回归结果如表 5－11 所示：

表 5－11 经验各维度对资源各因子的回归分析结果

	有形资源			无形资源		
	B	标准 B	t	B	标准 B	t
行业经验	0.181	0.143	1.427	0.188	0.221*	2.243
管理经验	−0.27	−0.019	−0.191	0.045	0.048	0.484
创业经验	0.291	0.333**	3.507	0.185	0.314**	3.374
R^2	0.135			0.168		
调整后 R^2	0.108			0.143		
F 值	5.045*			6.552**		

注：＊＊$P<0.01$，＊$P<0.05$

从上表可以看出，对于因变量为有形资源的回归模型，加入经验各维

度后，其回归方程的 F 值（5.045）在0.05的显著水平下，说明模型回归显著。方程调整后的 R^2 为0.108，说明模型解释了有形资源10.8%的变异量。其中，创业经验展示出对有形资源显著的正向影响。其标准化回归系数分别为0.333，在0.01的显著水平下。这说明在经验的各个维度中，仅有创业经验对有形资源有显著的正向预测作用。而行业经验和管理经验对有形资源都没有预测作用，这与之前相关分析中得到的结果一样，其原因值得进一步探讨。

对于因变量为无形资源的回归模型，在加入经验各维度后，其回归方程的 F 值（6.552）在0.01的显著水平下，说明模型回归显著。方程调整后的 R^2 为0.143，说明回归方程能够解释无形资源14.3%的变异量。其中，创业经验的标准回归系数为0.314，且在0.01显著水平上，说明创业经验对无形资源有显著的正向预测作用。行业经验的标准回归系数为0.221，且在0.05显著水平上，说明行业经验对无形资源有显著的正向预测作用。管理经验对无形资源并未有显著作用。

（二）经验各维度与绩效的回归分析

采用同样的方法对经验的各个维度与绩效进行回归分析，其结果如表5－12所示。从表中可以看出，对于因变量为绩效的回归模型，加入经验各维度后，其回归方程的 F 值（7.462）在0.01显著水平下，说明模型回归显著。方程调整后的 R^2 为0.188，说明模型解释了有形资源18.8%的变异量。其中，管理经验和行业经验展示出对绩效显著的正向影响。管理经验标准化回归系数为0.218，在0.05显著水平下。行业经验的标准回归系数为0.386，且在0.01显著水平上，说明行业经验对绩效有显著的正向预测作用。创业经验对绩效并未有影响作用。

表5－12　经验各维度对绩效的回归分析结果

	绩　效		
	B	标准B	t
行业经验	0.191	0.386**	3.966
管理经验	－0.056	－0.102	－1.050
创业经验	0.075	0.218*	2.368
R^2	0.188		
调整后 R^2	0.162		
F 值	7.462**		

注：**$P<0.01$，*$P<0.05$

（三）资源各因子与绩效的回归分析

采用同样的方法对资源的各个因子和绩效进行回归分析，其结果如表5－13所示。从表中可以看出，对于因变量为绩效的回归模型，加入资源各因子后，其回归方程的 F 值（8.521）在0.01显著水平下，说明模型回归显著。方程调整后的 R^2 为0.148，说明模型解释了有形资源14.8%的变异量。其中，无形资源显示出对绩效显著的正向影响。其标准化回归系数为0.485，在0.05显著水平下。

表5－13　资源各因子对绩效的回归分析结果

	绩　效		
	B	标准 B	t
有形资源	－0.052	－0.132	－0.824
无形资源	0.281	0.485*	3.022
R^2	0.148		
调整后 R^2	0.131		
F　值	8.521**		

注：** $P<0.01$，* $P<0.05$

六、中介效应检验

Baron 和 Kenny（1986）提出，若满足以下三种情况，变量则被认为是中介变量：一是自变量对中介变量有显著影响（路径 a）；二是中介变量对因变量有显著影响（路径 b）；三是如果控制路径 a 和 b（即以自变量和中介变量同时作为自变量），自变量对因变量的显著影响减小或消失。

由此，可以推断出中介变量成立需要满足四个条件，它们分别是：条件一，自变量对中介变量有显著影响；条件二，自变量对因变量有显著影响；条件三，中介变量对因变量有显著影响；条件四，在此基础上，同时考虑自变量和中间变量对因变量的影响效果时，自变量对因变量的显著影响程度减小（部分中介）或消失（完全中介）。下文将分析有形资源和无形资源的中介作用。本文将通过比较不同模型的拟合效果和回归参数来检验其中介作用。

（一）异质性资源的中介效应检验

在此分析中笔者建立了两个模型，模型 1 是经验对企业绩效的影响模型；模型 2 是经验对异质性资源的影响进而影响到企业绩效的模型。即在模型 2 中，异质性资源作为中介变量来测量经验与企业绩效之间的关系。可以从表 5－14 和表 5－15 中看出，模型 2 比模型 1 对于经验与企业绩效的解释更加理想。

表 5－14　模型摘要

Model	R	R^2	调整后 R^2	标准差	变化统计				
					R^2 变化	F 值	df1	df2	F 值的显著性
1	0.433[a]	0.188	0.162	0.388 03	0.188	7.462	3	97	0.000
2	0.502[b]	0.252	0.221	0.374 27	0.064	8.267	1	96	0.005

注：a. 预测变量：（常数），管理经验、行业经验、创业经验
　　b. 预测变量：（常数），管理经验、行业经验、创业经验、资源

表 5－15　方差分析表

Model		平方和	df	均　方	F	显著性
1	回　归	3.371	3	1.124	7.462	0.000[a]
	残　差	14.605	97	0.151		
	总　计	17.976	100			
2	回　归	4.529	4	1.132	8.083	0.000[b]
	残　差	13.447	96	0.140		
	总　计	17.976	100			

注：a. 预测变量：（常数），管理经验、行业经验、创业经验
　　b. 预测变量：（常数），管理经验、行业经验、创业经验、资源

表 5－16 显示了经验与异质性资源对企业绩效的线性回归分析结果。从中可以看出，当异质性资源作为中介变量时，创业者的行业经验与企业绩效受到的影响较小，而创业经验与企业绩效则受到十分显著的影响。从

中可以看出创业经验通过了 Judd 和 Kenny（1981）完全中介检验中的第三个检验。也就是说，异质性资源完全中介了创业经验与企业绩效之间的关系，部分中介了行业经验与企业绩效的关系。而管理经验与企业绩效的关系并没有得到中介验证。

表 5－16　线性回归分析系数

Model		非标准化系数		标准化系数	t	显著性
		B	标准差	残差		
1	(Constant)	1.472	0.246		5.979	0.000
	行业经验	0.191	0.048	0.386	3.966	0.000
	管理经验	－0.056	0.053	－0.102	－1.050	0.296
	创业经验	0.075	0.031	0.218	2.368	0.020
2	(Constant)	1.270	0.248		5.127	0.000
	行业经验	0.157	0.048	0.317	3.266	0.002
	管理经验	－0.071	0.051	－0.130	－1.380	0.171
	创业经验	0.035	0.033	0.103	1.053	0.295
	资　源	0.177	0.061	0.294	2.875	0.005

下文对资源在行业经验对企业绩效的中介效应进行 Sobel 检验，验证统计量见公式：

$$Z = \frac{\hat{a}\hat{b}}{\sqrt{\hat{a}^2 s_b^2 + \hat{b}^2 s_a^2}} \quad \text{（公式 5－1）}$$

其中 a、b 的值分别是自变量对中介变量和中介变量对因变量的回归系数，s_a 和 s_b 分别是 a 和 b 的标准差。

经过两次一元回归得到 $a = 0.243$，$s_a = 0.079$，$b = 0.242$，$s_b = 0.055$，计算得出 $Z = 2.521\ 006$，单尾检验 $P = 0.005\ 851$，双尾检验 $P = 0.011\ 702$，拒绝 ab 为 0 的假设，即可以认为中介变量起到部分中介的作用（paticial mediator）。根据表 5－17 的线性回归结果可知，行业经验经过中介作用，对绩效的影响减少了 4.7%，即行业经验对绩效有 13.4% 的直接作用，减少的4.7%通过资源起到了作用。

表5－17　线性回归分析系数

Model	非标准化系数		标准化系数	t	显著性	多重共线性统计	
	B	标准化	B				
1 (Constant)	1.534	0.186		8.258	0.000	容许度	VIF
行业经验	0.181	0.046	0.366	3.912	0.000	1.000	1.000
2 (Constant)	1.141	0.209		5.452	0.000		
行业经验	0.134	0.046	0.271	2.916	0.004	0.913	1.095
资　源	0.194	0.056	0.323	3.474	0.001	0.913	1.095

值得注意的是，在回归分析中，创业者的管理经验与企业绩效是呈略微的负相关性的，也就是说创业者的创业经验并不有利于新创裂变企业获得良好的绩效，而且有一定的副作用。对此，本研究会在后面的部分中加以解释说明。

（二）无形资源的中介效应检验

接下来本研究又对异质性资源两个因子的中介作用进行了检验。笔者先后把有形资源和无形资源对企业绩效进行了层级回归，回归得到的模型见表5－18。从中可以看到加入无形资源后，R有所提高，模型的拟合度有所提高。经F检验，结果显著。

表5－18　模型摘要

Model	R	R^2	调整后R^2	标准差	变化统计				
					R^2变化	F　值	df1	df2	F值的显著性
1	0.262[a]	0.069	0.059	0.411 21	0.069	7.309	1	99	0.008
2	0.385[b]	0.148	0.131	0.395 29	0.079	9.132	1	98	0.003

注：a. 预测变量（常数），有形资源

b. 预测变量：（常数），有形资源、无形资源

笔者分两步来进行回归检验，第一步先把有形资源对绩效进行回归，得到的结果非常显著。第二步再把无形资源强迫加入，发现无形资源对绩效的正向影响非常显著，而有形资源的影响则不显著（见表5－19和表

5－20)。从线性回归结果可以看出，无形资源在有形资源和绩效的关系中起显著的中介作用。

表5－19　方差分析表

Model		平方和	df	均　方	F	显著性
1	回　归	1.236	1	1.236	7.309	0.008[a]
	残　差	16.740	99	0.169		
	总　计	17.976	100			
2	回　归	2.663	2	1.331	8.521	0.000[b]
	残　差	15.313	98	0.156		
	总　计	17.976	100			

注：a. 预测变量：(常数)，有形资源

b. 预测变量：(常数)，有形资源、无形资源

表5－20　线性回归分析系数

Model		非标准化系数		标准化系数	t	显著性	多重共线性统计	
		B	标准差	β			容许度	VIF
1	(Constant)	2.021	0.092		21.913	0.000		
	有形资源	0.103	0.038	0.262	2.704	0.008	1.000	1.000
2	(Constant)	1.529	0.185		8.256	0.000		
	有形资源	－0.052	0.063	－0.132	－0.824	0.412	0.338	2.959
	无形资源	0.281	0.093	0.485	3.022	0.003	0.338	2.959

七、调节效应检验

对资源调节效应的检验仍是以层级回归的方式进行，先把经验对绩效做回归，然后依次放入资源、经验×资源两个变量，得到三个模型的对比如下：

表 5－21　模型摘要

Model	R	R^2	调整后 R^2	标准差	变化统计				
					R^2 变化	F 值	df1	df2	F 值的显著性
1	0.336[a]	0.113	0.104	0.401 33	0.113	12.604	1	99	0.001
2	0.433[b]	0.187	0.171	0.386 06	0.075	8.991	1	98	0.003
3	0.433[c]	0.188	0.163	0.387 99	0.000	0.024	1	97	0.877

注：a. 预测变量：（常数），经验

b. 预测变量：（常数），经验、资源

c. 预测变量：（常数），经验、资源、经验×资源

表 5－22　方差分析表

Model		平方和	df	均　方	F	显著性
1	回　归	2.030	1	2.030	12.604	0.001[a]
	残　差	15.946	99	0.161		
	总　计	17.976	100			
2	回　归	3.370	2	1.685	11.306	0.000[b]
	残　差	14.606	98	0.149		
	总　计	17.976	100			
3	回　归	3.374	3	1.125	7.470	0.000[c]
	残　差	14.602	97	0.151		
	总　计	17.976	100			

注：a. 预测变量：（常数），经验

b. 预测变量：（常数），经验、资源

c. 预测变量：（常数），经验、资源、经验×资源

从表 5－21 和表 5－22 可以看出层级回归的 R^2 值依次增大，F 值一直比较显著。但是从 ΔF 的显著性来看，加入经验×资源变量后模型质量反而下降了，这说明资源并不存在调节作用。

表 5－23　线性回归分析系数

Model	非标准化系数		标准化系数	t	显著性	多重共线性统计	
	B	标准差	β				
1　(Constant)	1.231	0.237		5.202	0.000	容许度	VIF
经　验	0.122	0.070	0.183	1.755	0.082	0.761	1.314
资　源	0.188	0.063	0.313	2.998	0.003	0.761	1.314
2　(Constant)	1.097	0.890		1.234	0.220		
经　验	0.156	0.229	0.234	0.682	0.497	0.071	14.046
资　源	0.235	0.308	0.391	0.763	0.447	0.032	31.319
经验×资源	－0.012	0.075	－0.113	－0.155	0.877	0.016	62.837

通过表 5－23 的对比可以看出，资源进入以后，经验对绩效的回归变得不显著了，也就是说资源中介了经验对绩效的影响作用，这与之前中介效应检验的结果是一致的。同时，由于资源与经验和绩效之间较强的相关关系，使得它不可能再起到调节作用。对比经验×资源进入后的模型，笔者发现，所有自变量的 t 检验都不显著了。因此可以得出结论，资源并没有在经验和绩效之间起到调节作用。

至于为什么加入经验×资源后反而不显著，可以从多重共线性检验中找到答案。检验结果表明，经验、资源、经验×资源之间存在严重的多重共线性问题，其容忍度全部达不到 0.1 的水平①。随后用经验×资源对绩效单独做回归，结果非常显著。至此可以验证，经验和资源共同作用成为绩效的前因变量，同时资源完全中介了经验对绩效的作用。

八、小结

经过本章的实证分析，本研究的部分研究假设得到验证，部分未能获得实证结果支撑，总结如表 5－24：

---

① 容忍度等于减去自变量与其他自变量间的多元相关系数的平方。容忍度的值介于 0～1 之间，其值越小，自变量与其他自变量之间的共线性越强，容易导致变量的回归系数估计值不够稳定。

表 5-24　研究假设检验结果汇总表

编　号	假设内容	检验结果
假设 1a	创业者经验与新创企业绩效呈正相关性。	支　持
假设 1b	创业者经验与新创企业绩效呈负相关性。	不支持
假设 2	创业者的经验与新创企业继承或者转移母公司的异质性资源呈正相关性。	支　持
假设 3a	新创企业从母体企业获得的异质性资源与企业绩效呈正相关性。	支　持
假设 3b	新创企业从母体企业获得的异质性资源与企业绩效呈负相关性。	不支持
假设 4	异质性资源在创业者的经验与企业绩效之间有显著的中介作用。	支　持
假设 5	异质性资源在创业者经验与企业绩效之间起调节作用。	不支持

第三节　研究讨论与结论

一、研究讨论

在文献回顾的基础上，本研究讨论了创业研究理论、影响裂变创业的外部环境因素和内部环境因素，在此基础上提出了研究的理论构思，尝试构建创业经验—创业绩效的模型，提出了研究假设并根据以往研究设计了调查问卷，在此基础上进行了相关的定量分析。下面将对分析的结果展开讨论。

（一）经验的讨论

对创业者特质的研究一直是学者们研究的热点，其中经验是研究关注的重点之一。但值得注意的是，国内却很少有专门针对经验而进行的细分研究，过往的研究只是把其作为创业者特质的一个维度。相比于国外的研究，“连续创业”和“裂变创业”已经成为学者们竞相研究的新型创业模式，试图在这一新式的载体中研究影响创业企业绩效的各个因素的作用。

在这种情况下，创业者的经验在一个狭窄而具体的范围内被放大，成为影响企业成长以及绩效表现的重要因素。这反映了我国对于创业领域的研究还不够深入，尚有大量的内容可以挖掘。

创业者的经验有很多种，但是学者们一般都是按照企业家过往的管理、技术、创业经历等方面对这些经验进行划分的，这样较为统一。本研究采用的是 Bird 划分方法，即行业经验、管理经验和创业经验，以这三方面作为经验的子维度。

在样本中发现，创业者的行业经验均值为 3.92，管理经验为 3.95。这表明创业者普遍拥有较为丰富的行业经验和管理经验。而创业经验的均值为 3.26，也就是说创业者之前的创业经验储备属于一般水平。以上数据意味着创业者在创业之前就在该行业工作多年并且处于一定的管理地位。而创业经验相对来说较少，这和国外裂变企业普遍拥有丰富的创业经验有所不同。其原因可能是我国的经济刚处于高速发展期，裂变创业也是一种新的创业形式，我国企业采用裂变战略多为首次，因而创业者大都是在母体企业中具有一定的管理地位，掌握一定资源，并且熟悉行业情况的初次创业者。而国外经济类型已经十分成熟，裂变创业也司空见惯，创业者往往是拥有丰富创业经验的管理者或是资源掌控者。另外，根据资料显示，我国的创业者创业能力表现偏弱，在对比的几个国家中，美国创业者本人具备的创业技能和经验均值为 52.13，澳大利亚和新西兰更是高达 56.26 和 59.81。而我国创业者的创业技能和经验仅为 32.73，远远低于所有调查国家的均值 45.30（《全球创业观察中国报告》，2005）。

另外，在表 5－10 对经验各个维度的相关分析中，行业经验和管理经验是呈正相关性的。这也就是说，一个创业者在某一行业积累的经验越多，其管理经验也就越丰富。

（二）企业异质性资源的讨论

资源是企业获得绩效的保证因素，而异质性资源更是企业优于其他企业的重要原因（Barney，1991）。自资源基础观提出之后，国内外学者在资源概念的界定和分类上做了大量研究。根据以往的研究，依据不同的分类原则，资源大致可划分为六种类型：①按形态属性划分，可分为有形资源、无形资源；②按自然属性划分，可分为自然资源、社会资源、经济资源、政治资源和文化资源；③按存在数量划分，可分为稀缺资源和剩余资源；④按存在载体划分，可分为企业内部资源和企业外部资源；⑤按重要程度划分，可分为普通资源、关键资源和战略资源；⑥按资源关系划分，可分为异质性资源和同质性资源、核心资源与互补资源。

本研究把资源划分为三类：物质资源、组织资源和人力资源。其中，物质资源包括财务资源和实物资源；组织资源包括技术资源、信息资源、声誉资源和制度资源；人力资源包括管理资源和人才资源。在样本分析中发现，财务资源、实物资源和技术资源可以划分为一类，而信息资源、声誉资源、制度资源、管理资源和人才资源可以划分为一类。故在分析过各类资源的实质后，本研究将资源最终划分为有形资源和无形资源两类。这也和 Olavarrieta 和 Friedman（1999）等人的观点一致。

从统计结果来看，无形资源数值（2.94）比有形资源数值（2.18）要高。进一步分析发现：在无形资源的子维度中信息资源（3.68）、制度资源（3.80）和人才资源（3.62）是所有 8 个子维度中得分最高的 3 个。相比之下，有形资源的 3 个子维度得分没有一个超过 3 分。究其原因，在物质资源、组织资源与人力资源中，母体组织的物质资源对企业家裂变创业的影响并不大，而组织资源、人力资源以及其他一些无形资源才是影响企业家裂变创业的重要资源因素（K. Chatterji，2005）。

（三）控制变量的比较分析讨论

本研究选择了行业、规模和战略作为控制变量，并通过 t 检验或方差分析研究其对各研究变量的影响，其分析结果如下：

本研究（有效样本中）将行业划分为高科技行业和非高科技行业，通过 t 检验发现，行业对有形资源和无形资源有显著影响，对绩效没有显著影响。其原因是高科技行业一般需要大量的资金、技术和人才资源作为支撑，此外还需要一定的信息、声誉等资源才能更好地实施裂变战略（林强，2007）。此时，母体企业就会把大量有价值的异质性资源转移、过渡到裂变企业中。即使那些较少获得母体企业支持的新创企业，也往往会想方设法通过与社会关系网络成员之间的积极互动来获取诸如财务支持或商业信息等资源，构建有价值的个人或组织关系，或者发现销售机会等以保证新企业的生存（Reynolsds and White，1996）。而相比之下，非高科技行业对于资源的要求较低，丰富的异质性资源不是其创业成功的必要因素。

本研究将企业规模划分为大、中、小三类，分别以 100 人和 500 人为界，方差分析表明：规模对于企业获取的有形资源、无形资源以及绩效表现都呈显著影响关系。小型企业（员工人数≤100）所获取的有形资源和无形资源都是最少的，中型企业次之（100 < 员工人数≤500），而大型企业（员工人数 > 500）所获取的资源量是最多的，无论是有形资源还是无形资源，都属于较丰富的级别。绩效也是一样的情况。小型企业取得的绩效表现偏低，中型企业略有提升，而大型企业的绩效相对较好。

此外，裂变创业有其不同于其他创业类型的特殊性，其与母体企业之间存在一种特殊的资源联系，因而可以依据裂变时采用的不同战略把新创企业分为计划型裂变和自发型裂变。计划型裂变企业从母体企业中获取异质性资源的数量和质量必然优于自发型裂变企业。而本研究也证明了这一点：在有效样本中，50.5%的企业属于计划型裂变，其获取的有形资源和无形资源明显优于占49.5%的自发型裂变企业。而在绩效方面，前者的绩效表现也优于后者，这也从另一个方面说明了资源禀赋好的企业能够获取良好的绩效（Phillips，2002）。

（四）经验对资源、绩效的影响

创业研究作为一个新兴的学术研究领域正处于"黄金期"的开端（Shane，2001），创业研究在我国也受到越来越多研究者的关注。越来越多的学者从创业者（或企业家）的角度研究创业者的特质，什么样的人具备创业者（或企业家）的素质，如何成为成功的企业家。但把焦点集中于创业者经验的研究还不多见。

在研究中发现，经验对于新创企业获取异质性资源和企业绩效都呈明显的正相关性。也就是说，创业者拥有的经验越多，企业越容易获取更多的异质性资源，以达到更好的绩效。反之创业者拥有的经验越少，企业的资源获取量和绩效指标就越低。但是具体到创业者的各个维度，情况又有所不同。

1. 行业经验

在研究中发现，行业经验与有形资源不具有相关性，与无形资源有显著的相关性。这是由于行业经验对于资金、实物及技术等有形资源的获取没有十分明显的帮助，而对于声誉、信息等无形资源的获取却起着非常重要的作用。创业者可以通过行业经验了解行业内部的信息资源，通过建立社会网络可以增加声誉和寻找大量有用的人才。同时，创业者拥有丰富的行业经验可以使得企业之间的合作更加信任和紧密，这些都是行业经验所起到的作用。

在绩效方面，本研究表明，行业经验和企业绩效是呈正相关性的。这是由于丰富的行业经验使得创业者能够及时发现潜在的市场机会和外部环境的变化。同时，创业者往往可以从以前同一行业的市场或技术经验中获取必要的专业知识、行业性关键能力以及识别内部信息（行业知识）的能力，这些能力能够使创业者发现机会并规避创业过程中出现的风险，也能提高企业的销售率等方面的指标（Siegel，1993；Cooper et al.，1997；Gimen，1997），从而全面提升企业绩效。

2. 管理经验

研究显示，管理经验与有形资源和无形资源都不具有相关性。这是由于管理经验的主要作用是使企业内部组织形式更有效率，而对于相关资源的获取和继承则影响不大，特别是有形资源。但是管理经验应该对企业的一些无形资源诸如管理资源和人才资源有影响，特别是人才资源（Bruderl and Preisendorfer，2000）。因此本研究又做了管理经验与无形资源五个维度的相关分析，发现管理经验与声誉资源和管理资源在 $P=0.05$ 水平上有相关性，与人才资源在 $P=0.01$ 水平上有相关性。这表明，管理经验有助于企业获取优良的声誉资源、管理资源和人才资源，尤其是获得大量的高水平人才。

而在绩效方面，研究显示管理经验和企业绩效没有显著的相关性。这主要是因为在所研究的样本中，小型企业占了绝大部分。对于大多数创业者而言，“管理诀窍在经验中并不重要”（Ronstadt，1984）。因为大多数创业企业的规模小，以自我管理为主，而不是正式的组织管理。研究显示，企业家的管理经验与企业绩效略微有负相关性，这可能是由于企业家拥有的管理经验并不适合于新创的裂变企业，因为“没有一套管理经验是可以放之四海而皆准之”（Drucker，2002）。

3. 创业经验

创业经验与有形资源和无形资源均呈正相关性。创业经验有利于企业家获取各种资源：一方面，以往创业经验使得企业家了解在创业初期企业所需资金、技术以及人才的数量，并获知可从何处得到该类技术。另一方面，丰富的创业经验能够让企业家了解如何建立自己的社会网络、如何获取信息资源（Lechner and Dowling，2003）。同时，以往的创业经验也能够使企业家建立起自己的信誉，为新创企业赢得声誉资源（Stuart，1998）。

创业经验与企业绩效也是呈正相关性的。创业经验使得企业家能够从容地进行又一次的创业，因为他们了解创业过程的基本情况，同时也能够较好地应对创业过程中出现的问题和状况，往往这些问题的处理对于新创企业来讲是至关重要的（Brush，2002）。

（五）异质性资源对企业绩效的影响

在完全竞争模型中，所有企业都被假设为同质的，企业之间可以无成本地模仿、迅速地扩张及行业的自由进入和退出，使企业和行业处于长期均衡状态。而资源基础理论则认为企业可以获得超额利润，且获得和维持竞争优势的最主要原因不是外在市场结构，而是企业内部资源禀赋的差异及此种资源是否具有流动性。企业独特的资源和能力决定了战略的实质内容。当资源与其他相关活动体系具有互补性时，它们创造可持续竞争优势的潜力得以提升（Collis and Montgomery，1995，1998；Milgrom、Qian and Roberts，1991；Milgrom and Roberts，1990；Porter，1996）。

在研究中发现，异质性资源对于企业绩效的影响作用是十分显著的，尤其是无形资源。当企业拥有了这些异质性资源后，就能够借助经验将资源进行有效的配置和利用，从而大幅提升企业绩效。

（六）异质性资源的中介和调节作用

创业者的特质如何影响企业绩效，以及在哪些方面影响企业的绩效，在以往的研究中都有不少的涉及。但是把经验从创业者特质中剥离出来进行单独研究，看经验究竟是通过什么机制来影响企业绩效，在国外的研究中可发现有类似的成果，而在国内却鲜有学者对此类问题进行研究。

以往的研究认为，在裂变创业过程中，母体企业会成立“孵化器”来帮助新创企业建立和成长（Zhao and Aram，1995）。而经验能够使得企业之间资源的继承和转移更加顺畅，特别对于裂变创业这种存在明显资源纽带的战略中。因此，经验可以使企业通过获取异质性资源来大幅度提升企业的绩效。

1. 中介作用

笔者分析了异质性资源作为中介变量的作用。研究发现，在加入了中介变量（资源）后，经验与绩效的模型变得更加理想了，因而异质性资源在经验—绩效的影响过程中产生了显著的中介效应。也就是说，创业者的经验能够转化为异质性资源的获取和继承，从而影响到企业绩效。

在接下来的分析中，本研究试图探讨经验的各个子维度与绩效被资源中介的情况。结果发现，创业经验对企业绩效的影响完全被异质性资源中介了；行业经验对企业绩效的影响分析显示，4.7%的行业经验是通过异质性资源对绩效产生影响的；而管理经验则完全没有被资源中介。这说明，创业经验使得裂变企业获取更好的异质性资源从而达到更好的绩效。并且在异质性资源存在的前提下，创业经验只能完全地作用到资源上，而不能直接作用到绩效方面。与之不同的是行业经验，其有4.7%的比例是通过异质性资源对企业绩效产生影响的，而且还有13.4%的行业经验是直接对企业绩效起正向影响作用的。

另外，笔者还分析了有形资源和无形资源的中介作用。研究发现有形资源是通过无形资源作用到企业绩效上的。这表明，有形资源诸如资金、技术等，需要依靠大量的无形资源（企业文化、信息和人才资源等）才能得到更好的配置和使用，进而才能获取优异的绩效表现。

综上所述，资源在创业者经验与企业绩效之间呈显著的中介作用，企业家的管理经验、行业经验和创业经验通过获取大量的异质性资源来对新创企业的绩效产生作用。在资源方面，有形资源也是通过无形资源来对新创企业的绩效产生作用的。因此，无形资源是影响创业者经验、有形资源与企业绩效之间的中介因素。

2. 调节作用

本研究试图证明异质性资源的调节作用，异质性资源影响创业者经验与企业绩效之间关系的强度与方向。如同“巧妇难为无米之炊”一样，一旦“有米”以后，“巧妇”的经验就能够使“饭做得更好”。但事实上，这种调节作用并没有被证明。原因是一方面在统计学上，理想的调节变量和自变量、因变量都不存在显著的相关性，而本研究中资源与经验以及绩效都存在显著的相关性；另一方面，资源是企业在裂变过程中必然产生的要素之一，故而其影响创业者经验和企业绩效之间关系的作用被大大减弱了。

二、研究结论

从以上分析可得出如下几点主要结论：

（一）经验与资源的细分维度、因子

创业者的先前经验可以分为行业经验、管理经验和创业经验三个维度，其中行业经验和管理经验存在显著的相关性。企业的异质性资源可以归为有形资源（财务、实物、技术）和无形资源（声誉、信息、制度、管理、人才）两个因子，有形资源与企业绩效并不具有显著的相关性。

（二）经验、资源与绩效的关系

创业经验与企业绩效呈正相关性（假设1a获得支持），拥有丰富经验的创业者能使企业的绩效表现更优；创业者经验与异质性资源的获取呈正相关性（假设2获得支持），丰富的创业者经验能够使裂变企业获取大量的异质性资源；异质性资源和企业绩效呈正相关性（假设3a获得支持），异质性资源能明显提升新创企业绩效。异质性资源在创业者经验与裂变企业绩效的关系中起中介作用而非调节作用（假设4获得支持，假设5未获得支持）。并且可具体细化为：

（1）行业经验与对于新创企业获取母公司的有形资源相关性。行业经验无助于裂变企业获取财务、实物以及技术等有形资源。

（2）行业经验与对于新创企业获取母公司的无形资源呈正相关性。行业经验能够给裂变企业带来大量的声誉、信息等无形资源，并且能使企业家通过已建立的社会网络获取管理和人才资源。

（3）行业经验与新创企业绩效呈正相关性。行业经验能使企业家及时察觉潜在的市场机会和外部环境的变化，并且能够容易地获取必要的行业知识、行业性关键能力以及识别内部信息（行业知识）的能力。

（4）管理经验与对于新创企业获取母公司的有形资源没有发现相关性。管理经验对于财务、实物以及技术等有形资源的转移和继承不具有相关性。

（5）管理经验与对于新创企业获取母公司的无形资源没有发现相关性。但进一步研究发现，管理经验与信息资源和制度资源不具有相关性，却对声誉资源、管理资源和人才资源呈显著的正相关性。

（6）管理经验与新创企业绩效不具有相关性。由于本样本中的企业绝大多数属于100人以下的小型企业，故管理经验对这些规模小、以自我管理为主的企业的绩效表现没有相关性。

（7）创业经验与对于新创企业获取母公司的有形资源呈正相关性。创业经验有利于企业家了解在创业初期的企业所需的财务、技术等有形资源的数量以及获取方式。

（8）创业经验与对于新创企业获取母公司的无形资源呈正相关性。丰富的创业经验能够让企业家了解如何建立自己的社会网络，如何获取信息资源和声誉资源，同时也有利于管理资源和各类优秀人才的集聚。

（9）创业经验与新创企业绩效呈正相关性。创业经验能使企业家熟悉创业的各个板块和流程，同时也能从容地应对创业过程中出现的问题和状况。

（10）新创企业从母公司继承和获取的有形资源与企业绩效呈正相关性。财务、实物、技术等有形资源能够使企业更好地成长和壮大，从而拥有更优良的绩效表现。

（11）新创企业从母公司继承和获取的无形资源与企业绩效呈正相关性。在无形资源中，尤其是其中的人力资源、组织资源等对于企业绩效的影响十分显著。

（12）无形资源在有形资源与企业绩效之间有显著的中介作用。有形资源不直接影响企业绩效，而是通过无形资源（声誉、人才等）来发挥其对企业绩效的影响作用；

（13）异质性资源在行业经验和企业绩效之间起部分中介的作用。部分行业经验是通过异质性资源对企业绩效产生影响，而部分行业经验能够直接对企业绩效产生影响。

（14）异质性资源在创业经验与企业绩效之间起完全中介作用。企业家的创业经验只能通过异质性资源来影响企业的绩效表现。

（三）裂变战略、行业、规模对企业资源和绩效的影响

控制变量中企业所处的行业对有形资源和无形资源有影响，对企业绩效没有影响。高科技行业获取的资源数量比非高科技行业获取的要多。规模和战略对有形资源、无形资源以及企业绩效均有影响，规模越大的企业获取资源越多，企业绩效也越好。计划型裂变企业其资源获取量和绩效表现均优于自发型裂变企业。

第六章

衍生企业：合作与网络化战略

第一节 衍生企业的网络化战略

一、网络化战略与关系

网络化战略是多数企业创建初期惯常使用的一种战略（Hite and Hesterly，2001；Shane and Cable，2002）。大量研究表明，作为实施网络化战略的关键要素，创业者私人关系的运用对新创企业绩效有着重要影响（Baum et al.，2000；张书军和苏晓华，2008）。针对不同情境（制度、产业、组织形态），一些学者进一步对网络化战略的适用性进行了精细化研究，发现在制度发育不完善、要素市场不完全竞争的环境中，关系对于企业绩效有着更为显著的影响（Luo，2003），与传统竞争性产业相比，在高科技产业中，关系对绩效的影响更甚（Yli-Renko et al.，2001），对处于产业集群内的企业而言，本地关系比外地关系对企业绩效的影响更大（Zhang and Li，2008）。

虽然“关系”对于新创企业的重要性已被众多理论与实证研究所证实，但已有研究更多的只是一般性地检验企业家外部关系对绩效的影响程度，尽管考虑了诸多情境因素，但笔者认为，认识到关系的重要性只是研究的第一步，接下来更为关键的一步，应是探究关系转化为“生产力（绩效）”的逻辑路径和具体机制。在探究关系与绩效的深入连接机制上，已产生了一些颇有见地的成果（Lee et al.，2001；Peng and Luo，2000；Zaheer and Bell，2005；Zhang and Li，2008）。这些研究认为，关系通过与其他战略因素（特别是内部资源）的互动对企业绩效产生影响。尽管此类研究提供了观察关系向绩效转化的重要路径，但却未能把握住网络化战略的本质特征——利用嵌入在关系中的资源与能力，该过程必须通过合作来完成。为弥补研究中存在的这一缺口，进一步从理论与经验角度深化对网络化战略的理解，本章以衍生创业企业为对象，挖掘网络化战略的中介机制，也就是说，探讨合作能否成为关系转化为企业绩效的转换器。

二、衍生企业的关系网络、合作与企业绩效

作为母体企业产物的衍生（包含裂变）企业，创业者在母体企业所积累的个人社会关系对新创企业的成长尤为重要（Gompers et al.，2005）。

这些关系能帮助企业取得对外部资源的进入权，获取有助于租金创造的战略性资源，整合内部资源提升企业运作效率（Oliver，1991；McEvily and Zaheer，1999）；或者实现与其他组织的隐性或显性联系以弱化竞争、提升市场势力（Madhavan et al.，1998）；或者通过建立信任以降低市场交易成本（Oxley，1997）；或者保持企业未来选择的灵活性（Rese and Roemer，2004）等。衍生这一独特的创业形态，使该类创业者与其他白手起家的创业者在社会关系的使用上更有优势，他们在原先的母体企业中积累了丰富的人脉资源，这种关系使其在开发、利用外部资源的广度与深度上更具优势，换句话说，其更容易转化为提升企业绩效的生产力。

对资源观的相关研究显示，存在于关系中的伙伴资源、共享知识和网络资源（统称关系型资源）是企业绩效的重要影响因素（Dyer and Hatch，2006），将私人外部关系视为获取此类资源的工具，来解释企业间存在的绩效差异，成为资源学派一个重要的研究课题（Mcevily and Marcus，2005；Zaheer and Bell，2005）。此外，根据资源依赖理论（Pfeffer and Salancik，1978），任何企业都无法做到资源的自给自足，因而在不同程度上都需要借助外力来克服资源匮乏的制约，对于新创企业更是如此。因此，笔者认为，对于包括衍生企业在内的新创企业，创业者关系网络的重要职能之一是获取关系中蕴含的战略性资源，通过对资源的获取与利用，创业者的关系网络才能更好地转化为生产力，即更好的企业绩效。

本章在对新创衍生企业组织特性作简要介绍的基础上，结合现有的研究成果，对创业者关系网络与企业绩效间的关系提出假设，着重分析合作在创业者关系网络转化为生产力过程中的中介效应。通过对156家新创衍生企业进行问卷调查，我们对理论假设进行检验，就统计结果进行讨论，并针对企业的经营实践提出了相关建议。

第二节 衔着金钥匙创业：理论与假设

尽管诸多研究在衍生创业的绩效效应上似乎取得了共识，但关于衍生企业的何种特质使其形成了良好绩效的机制，却仍未建立起一个有效的理论框架。这些衔着金钥匙出生的企业至少在两个方面与其他类型创业企业有着显著不同：①丰富的产业知识（经验、技能）；②长期积累而来的社会关系网络。任何进一步推进衍生创业研究的尝试都不应该忽视它们。本节即从关系网络的角度入手，探讨衍生企业的创业者关系网络是如何通过合作来提升企业绩效的。

一、衍生企业创业者的关系网络

创业者往往不可能掌握创业所需的所有资源，必须从外部环境中获取所欠缺的资源并加以利用和配置。关系网络是创业者获取和利用资源的重要途径，创业者利用社会关系以较低成本获得相关资源和信息支持，提高资源的利用效率和效果。在企业创建和发展初期，企业获取资源的能力往往与已有的关系网络较为相关，新建立的关系可能还处于互相确认的阶段或者关系强度比较弱的阶段。衍生企业的创业者在母体企业建立和维持的社会关系网络是一笔重要财富，在衍生企业的发展过程中发挥着至关重要的作用。我们将创业者关系网络定义为衍生企业创建者与商业伙伴所建立的个人社会关系，将创业者关系网络仅限定在与商业（交易）伙伴高管人员的联系上，关系对象包括了母体企业、供应商企业高管、客户企业高管以及同业企业高管。研究显示，与上述主体相连的、具有高度人格化特征的创业者关系网络，对企业绩效有着重要贡献，主要体现在把握市场机会、获取关键资源以及克服不确定性上（Gompers et al.，2005；Klepper and Sleeper，2005；Luo，2003）。

在强调集体主义的中国，关系网络对新创企业的绩效更加至关重要（Tan，2002）。良好的关系网络使衍生企业创业者在资源有限的条件下，可以在更广阔的空间内寻找对新产品和服务的需求，从而有助于优化机会识别过程，提升创业者机会识别的能力。在抓住新机会之后，这些关系网络也有助于衍生企业从商业伙伴处获取更多的战略资源，这体现在：与母体企业保持良好关系可以保证新创企业随时获取所需的多种资源；与供应商高管保持良好的关系有助于及时获得投入品并确保投入品的质量与服务，与客户高管保持良好的关系则有助于培养忠诚感与保证及时付款、提高销售量，而与竞争者高层保持关系将有助于资源共享与促进合作等（Park and Luo，2001）。此外，创业者关系网络也使企业具有更多的灵活性，使企业可以借助该网络相对灵活地转换合作伙伴，以及规避风险和不确定性，从而为企业创造价值。由于衍生企业的创业者在母体企业中都有不同程度的关系积累，比起其他类型的创业者，他们在关系网络的广度与深度上均占有优势，对关系网络的运用也有着更深的理解。因此，我们认为，衍生企业的创业者在先前母体企业中积累有价值的商业关系，可有助于企业绩效的提升。

假设1：衍生企业创业者关系网络与企业绩效存在正向相关关系。

笔者有必要区分衍生企业创业者关系网络对不同企业绩效类型的影响。创业者关系网络中信息流动、合作等都对企业的成长提供了帮助，直接推动了企业的销售增长（Kao，1993）。但创业者在外部关系的建立过程中也需要投入大量的人力与财力，特别是在中国社会中，讲究人情、面子等在不同程度上构成了关系的负债。建立在互惠基础上的外部关系最终会以某种方式在某个时间转化为支付义务。因此，关系的建立与维持需要耗费必要的成本，这进而又会影响到企业绩效（Park and Luo，2001），从这个意义上讲，衍生企业创业者的外部关系并不必然正向地影响着企业的财务绩效（如利润）。此外，由于创业者特殊的位置，他们在攫取企业租金（特别是由关系型资源产生的租金）方面有着特别优势（Blyler and Coff，2003），这种租金的占用往往以隐性的方式来实现，使企业的财务绩效由于租金的隐性分配而无法真正反映企业的业绩。因此：

假设1a：衍生企业创业者关系网络对企业销售增长比对净利润增长有着更强的正向影响。

二、合作在关系转化为绩效中的中介作用

资源观的研究显示，至少两类资源可能对企业战略的选择、制定及实施有重要影响：第一类资源包括存在于企业内部的各种有形及无形资产，如企业内的信任、创新能力等（Barney and Hansen，1994；Bates and Flynn，1995）；第二类资源存在于企业外部，包括企业间的合作关系、网络资源等（Dyer and Singh，1998；Gulati，1999），本书称之为关系型资源。传统的战略研究主要强调了内部资源对企业竞争优势的影响，而忽视了组织间关系型资源对竞争优势的影响（Zaheer and Bell，2005；Mcevily and Marcus，2005）。对传统资源观的批判性分析催生了诸多从企业边界外资源考察企业竞争优势来源的研究（Dyer and Singh，1998；张书军和苏晓华，2008）。一些研究从对现实世界的观察入手，指出处于企业边界外的资源往往对企业的价值创造有更大的贡献，如日本企业在最终产品创造的价值中，有69%是外部伙伴贡献的，在美国这个比例是55%（转引自Dyer和

Singh，1998）。

理论与企业实践的发展都显示，给企业提供有竞争优势的资源完全可能超越企业边界，而存在于企业外部，特别是存在于与合作伙伴的关系中。建立在关系基础上的资源由于具有高度的关系专用性，更难以被竞争者模仿，因而更有效地创造关系租金，成为企业竞争优势的重要来源。这些关系型资源主要体现在信任、信息分享与合作解决问题等活动中，信任作为一个社会交往中的润滑剂，在促使交易伙伴贡献关系型资源，特别是缄默性资源方面有重要意义。而信息分享则使企业能获取更多的技术信息、管理信息与其他资讯，帮助企业更好地挖掘存在于外部关系中的市场机会，合作解决问题则为企业获取关系型资源提供了一个实验平台。其中，合作解决问题被证明是获取关系型资源最重要的一种机制，信任与信息分享在很大程度上都是通过合作解决问题来影响关系型资源培育的（Mcevily and Marcus，2005）。由于关系型资源都蕴含在企业的对外合作关系中，通过建立、保持有效的外部联系，最大可能地实现对关系型资源的培养与获取，就成为企业长期发展所面临的大问题。

在所有外部关系中，创业者关系网络对关系型资源的获取有着重要影响。在关系网络中，网络联系的强度越大，企业越可能就某种行为的理解达成共识，从而促使企业通过合作（Alliance）行为来实现共同目标（Coleman、Katz and Menzel，1966）。这主要体现在以下几个方面：第一，衍生企业创业者的关系网络提供了一个外部资源进入权，特别是在战略要素市场处于不完全竞争的情况下（Barney，1986），比如在中国转型市场的环境下，建立在关系网络基础上的问题合作解决，对关键信息的获取及难以交易资源的获取都发挥着管道作用；第二，衍生企业创业者关系网络对关系专用性资产的投资提供了一种保障，使企业可获取资源的边界与类型都得到扩展，也使问题的解决能更好地落到实处；第三，由于强关系网络通常具备较强的承诺及信任特征，较强的衍生企业创业者关系网络可以强化外部伙伴的资源转移意愿，从供给角度缓解合作的困难，提高合作解决问题的效率；第四，附在衍生企业创业者关系网络上的创业者精神，通过对外部机会的识别、利用等，可大大提升企业内部的资源开发能力，反过来又影响到企业的外部合作能力，从而形成内外部资源的良性互动。因此：

假设2：衍生创业者关系网络强度与合作存在正向相关关系。

创业者关系网络分析的意义在于看待企业行为从原子式视角转向关系式，说明企业需要不断地通过与外部合作及互动来获取发展中所需要的各种支持。Zhao 和 Aram（1995）发现，企业者对关系网络的利用范围、利用强度与新创企业绩效之间存在着正向作用关系。依照 Dyer 和 Singh（1998）的逻辑不难发现，创业者关系网络在建立更有效的治理机制、促进知识交换与学习、激励关系专用性资源投资、获取互补但稀缺的资源等方面都发挥着重要作用，但从根本上讲，这些职能必须通过合作行为才能得以实现。参照 Mcevily 和 Marcus（2005）的研究，合作意味着帮助克服经营中的困难、共同努力把事情做好、联合解决问题，合作程度会决定关系是否能顺利地转化为绩效。创业者的关系网络真正发挥作用，并不仅仅有利于创业者获取有用的资源，还有利于他们将获取到的资源加以利用并转化为绩效。可以说，合作就是在创业者与关系对象之间搭建桥梁，允许创业者将存在于关系网络中的所有有用资源转化为企业绩效的过程，没有有效的合作，资源将只是静态的，并不能真正转化为生产力。因此：

假设3：作为中介变量，合作将会影响到衍生创业者关系网络与企业绩效关系。

第三节　衍生企业网络化战略的实证检验

一、研究样本与数据收集

本研究的样本是156家广东地区的企业。我们于2012年7月对广东省惠州市仲恺开发区的25家衍生企业（包括脱胎于母体企业的高科技企业、传统制造企业和服务型新创企业）进行了深入的调查访谈。深入访谈帮助我们积累了大量研究素材，确认了衍生创业者关系网络对企业绩效的重要影响，以及创业者关系网络中的合作活动，为问卷打下了基础。为确保本研究问卷设计的有效性，我们还查阅了对创业者关系网络的相关研究，在借鉴已有研究基础上设计了问卷。通过 EDP 培训项目及其他渠道，我们访问了十多家企业的高层，请他们对问卷内容及语句提出修改意见。在以上基础上，我们对问卷进行了测试，小范围发放问卷30份，收回有效问卷25份。根据问卷反馈的意见，我们重新修改了问卷，于2012年8月在惠州市仲恺开发区进行了正式问卷调查。调查共发放问卷180份，收回有效问卷156份。

为避免问卷中存在的共性方法误差，我们在问卷的不同位置对同一绩效指标进行了重复询问，经比较，不同位置的绩效指标相关系数为0.95（销售增长）和0.97（净利润增长），说明该指标具有较强的可靠性。此外，我们请五名对企业经营状况熟悉的当地政府机构官员对问卷结果各自进行了分析，他们普遍认为问卷反映的情况属实。特别是在绩效指标上，我们请他们独立地对企业绩效进行评价，然后与创业者自评的结果进行对照，发现相关度高达0.91与0.93，显示数据具有较强的可靠性。

二、变量测量

（一）创业者关系网络

笔者从商业关系考察创业者关系网络，鉴于衍生企业创业者从母体企业获得的工作积累对后期的关系网络构建具有重大影响，因此我们考察衍生企业的创业者与母体企业的关系、与供应商（上游企业）高管人员的关系、与客户（下游企业）高管人员的关系、与同业企业（竞争者）高管人员的关系。参照Peng和Luo（2000）以及Park和Luo（2001）等人的研究，我们采用了关系强度这个单一维度对创业者关系网络进行测量，选用7分制Liketer量表，询问创业者与上述主体关系强度的高低，“1”代表非常低，“7”代表非常强。由于关系等对绩效的影响存在时滞，调查询问了过去三年的关系水平。

（二）合作

合作是通过企业活动来实现的，根据理论分析，合作水平可以通过合作解决问题的力度与频率这个代理变量来测量。创业者与关系对象之间合作解决问题的次数越多、支持力度越大，说明两者之间的合作水平越高，由此说明创业者从该关系对象获得的资源更多，对该关系网络的利用水平越高。参照Mcevily和Marcus（2005）的研究，我们询问创业者就外部伙伴在以下方面提供支持的力度：帮助克服经营中的困难、共同努力把事情做好、联合解决问题，选用7分制Liketer量表进行测量。

（三）企业绩效

参照Peng和Luo（2000）和Park和Luo（2001）等人的研究，我们考虑用销售收入增长和净利润增长两个指标来测量企业绩效。

（四）控制变量

引入企业规模、企业年龄两个控制变量。企业规模是影响企业行为与决策的一个重要因素，是与企业绩效紧密联系在一起的。此外，企业年龄也是影响绩效的另外一个重要因素。我们以企业的员工人数来测量企业规模，以企业成立时间长短来测量企业年龄。

三、分析方法

为验证创业者关系网络对绩效的影响，以及合作的中介效应，我们运用几个回归模型对假设进行了检验。模型1与模型2对假设1进行了检验，以考察创业者关系网络对销售增长与净利润增长的影响；模型3对假设2进行了检验，确定创业者网络是否对合作存在影响；模型4对假设3进行了检验。我们在模型中同时加入自变量创业者关系网络、中介变量合作，以判别创业者关系网络是直接地影响绩效，还是通过中介变量间接地影响绩效。所有模型中的VIF值均在1.045与1.578之间，显示并不存在共线性问题。

第四节　研究讨论与结论

表6-1显示了变量的描述性分析结果，包括变量的均值、标准差与相关系数。相关系数矩阵显示，衍生创业者关系网络、合作都与企业的销售增长存在显著相关关系（$P\leqslant 0.01$；$P\leqslant 0.001$），它们也与企业的净利润增长存在显著相关关系（$P\leqslant 0.1$；$P\leqslant 0.001$），从而支持了假设1；创业者关系网络与合作存在高度的相关关系（$P\leqslant 0.001$），说明它们是彼此影响的，支持了假设2。此外，企业规模与销售收入增长（$P\leqslant 0.01$）及净利润增长（$P\leqslant 0.001$）也存在显著的相关关系。

表6-1　描述性统计与相关矩阵（N=156）

变　量	均　值	标准差	1	2	3	4	5
1. 销售收入增长	4.896	1.420					
2. 净利润增长	4.604	1.553	0.823***				
3. 创业者关系网络	4.722	0.738	0.235**	0.164*			
4. 合　作	4.152	0.433	0.365***	0.315***	0.429***		
5. 企业规模	3.160	0.948	0.387***	0.416***	0.049	0.0100	
6. 企业年龄	2.962	0.861	0.039	0.059	0.004	0.0105	0.043

注：$*P\leqslant 0.05$，$**P\leqslant 0.01$，$***P\leqslant 0.001$

表6－2、表6－3显示了不同回归模型的结果，F值显示所有模型都有较好的拟合度（$P\leqslant 0.001$）。表6－2中的模型1a、1b及1c分别检验了创业者关系网络对销售收入增长的影响、创业者关系网络对企业合作的影响，以及创业者关系网络、合作对销售收入增长的影响，这三个模型中，自变量对因变量变差的解释程度分别是0.173、0.176与0.235。与表6－2类似，表6－3也包括了三个模型——2a、2b及2c，分别与1a、1b及1c相对应，其中模型1b与2b完全一样（为便于分析合作在创业者关系网络与不同类型绩效关系中中介效果的差异，我们保留了模型2b），其他两对相应模型的自变量是同一组，但因变量却不同，表6－3中的模型集中检验了自变量对净利润增长的影响。结果显示，在2a、2b及2c三个模型中，自变量对因变量变差的解释程度分别是0.172、0.176与0.220。

表6－2　OLS模型结果：创业者关系网络、合作与销售收入增长（N＝156）

模型	因变量	自变量	标准化β	T 值	调整后 R^2	F 值
1a	销售收入增长	创业者关系网络	0.216**	2.434	0.173	8.318***
		企业规模	0.375***	4.215		
		企业年龄	0.023	0.264		
1b	合作	创业者关系网络	0.429***	4.845	0.176	23.476***
1c	销售收入增长	创业者关系网络	0.092	0.976	0.235	9.070***
		合作	0.291***	3.049		
		企业规模	0.353***	4.116		
		企业年龄	－0.007	－0.078		

注：** $P\leqslant 0.01$，*** $P\leqslant 0.001$

表6－3　OLS模型结果：创业者关系网络、合作与净利润增长（N＝156）

模型	因变量	自变量	标准化β	T 值	调整后 R^2	F 值
2a	净利润增长	创业者关系网络	0.160*	1.961	0.172	8.250***
		企业规模	0.407***	4.571		
		企业年龄	0.042	0.476		
2b	合作	创业者关系网络	0.429***	4.845	0.176	23.476***

（续上表）

模型	因变量	自变量	标准化β	T 值	调整后 R^2	F 值
2c	净利润增长	创业者关系网络	0.033	0.343	0.220	8.398***
		合作	0.261***	2.704		
		企业规模	0.388***	4.471		
		企业年龄	0.015	0.176		

注：$*P\leqslant0.05$，$***P\leqslant0.001$

一、创业者关系网络与绩效

假设1认为创业者关系网络与企业绩效之间存在正向相关关系。回归结果显示，在模型1a中，创业者关系网络对销售增长有显著影响，标准化的Beta值为0.216（$P\leqslant0.01$）；在模型2a中，创业者关系网络对净利润增长也有显著影响，标准化的Beta值为0.160（$P\leqslant0.05$）。两个模型共同对假设1提供了统计上的支持。假设1a假定创业者关系网络对企业销售增长比对净利润增长有着更强的正向影响，通过比较模型1a与2a中的Beta值，笔者发现，模型1a中标准化的Beta值大于模型2a中标准化的Beta值（0.216＞0.160），说明创业者关系网络对销售增长的影响大于对净利润增长的影响，从而支持了假设1a。

二、合作与创业者关系网络

假设2假定创业者关系网络与合作存在正向相关关系，我们通过模型1b对此进行验证，回归显示，创业者关系网络对合作有显著影响（Beta＝0.429，$P\leqslant0.001$），前者对后者变差的解释度为0.176，模型 F 值为23.476（$P\leqslant0.001$），支持了假设2。需要说明的是，相对较低的 R^2 说明创业者关系网络只是影响合作程度的一个因素，合作还受到其他因素，如正式商业网络的影响等。

三、合作的中介效应

为验证我们的核心问题——合作是否起到中介作用，我们采用温忠麟等人（2004）的检验程序。在对中介效应的检验过程中，我们将创业者关系网络（X）视为自变量，合作（M）视为中介变量，销售增长（Y_1）与净利润增长（Y_2）作为因变量，得到以下标准化的回归模型（见表6－4）。

表6－4　合作对销售增长与净利润增长的中介效应

	标准化回归模型	回归系数检验		标准化回归模型	回归系数检验
模型1a	$Y_1=0.173X$	$Tc=2.234$	模型2a	$Y_2=0.160X$	$Tc=1.196$
模型1b	$M=0.085X$	$Ta=1.076$	模型2b	$M=0.429X$	$Ta=4.845$
模型1c	$Y_1=0.062X+0.165M$	$Tb=2.096$ $Tc'=0.772$	模型2c	$Y_2=0.008X+0.261M$	$Tb=2.704$ $Tc'=0.104$

模型1a显示，创业者关系网络（自变量，X）对销售增长（因变量，Y_1）影响显著，即系数c显著；模型1b说明创业者关系网络（自变量，X）对合作（中介变量，M）影响也非常显著，即系数a显著；在模型1c中，销售增长（因变量，Y_1）同时对自变量与中介变量进行了回归，合作（中介变量，M）的回归系数，即系数b在小于0.05显著水平上，以上依次检验说明合作的中介效应显著，而在1c中创业者关系网络（自变量，X）与销售增长（因变量，Y_1）的系数c'的不再显著相关。根据中介效应的检验结果，合作对创业者的关系网络具有完全中介效果，即创业者关系网络需要通过合作行为获取相应资源进而影响企业的销售增长。同理，笔者对合作在创业者关系网络与净利润增长关系中的中介效应进行了检验，发现合作对创业者关系网络与企业绩效的关系起着完全中介作用，即假设3得到验证。

四、小结

作为一种重要的文化与社会因素，关系在中国企业成长中扮演着重要角色，不同企业对关系利用程度的差异很大程度上影响了企业的战略绩效与财务绩效。在资源观基础上，我们考察了衍生企业创业者关系网络影响企业绩效的中介机制，将合作视为连接创业者关系网络与企业绩效的桥梁，建立了“衍生企业创业者外部关系网络—合作—企业绩效”的理论模型。在上述论证过程中，我们以销售收入增长和净利润增长代表企业绩效的测量，通过每组3个模型的对比分析，我们的核心假设得到了验证。研究结果显示，衍生企业创业者的关系网络与企业绩效显著相关，同时与合作水平也呈现出显著的正相关关系，并且合作在关系网络与企业绩效之间起到了完全中介作用。也就是说企业绩效的测量指标虽有不同，但关系网络转化为生产力的中间机制呈现一致性，实实在在的合作行为是关系网络转化为生产力的必要途径。

本研究发现，在控制了企业规模与行业后，衍生企业创业者的关系网络对企业销售增长与净利润增长都有积极影响。这与 Park 和 Luo（2001）的研究结论有所不同，他们认为，对处于转型期的中国企业而言，外部关系对企业的市场扩张有积极影响，但对利润增长却无任何贡献。本研究得出不同的结论，说明除了为企业提供外部合法性以促进市场拓展之外，衍生企业创业者的关系网络也提升了企业的资源能力，同时对企业的利润增长也有显著贡献。我们同时发现，衍生企业创业者外部商业关系对销售增长的贡献大于对利润增长的贡献，这说明外部关系的培育与使用是需要支付成本的，如礼物交换、人情投资和个人租金占用等，这些部分地抵消了销售增长所带来的贡献，从而弱化了其对财务绩效的影响。

衍生企业创业者关系网络对合作程度有着积极影响，但这种影响只占较小的部分——创业者关系网络对合作变差的解释度只有 17.6%，说明人格化的商业关系在促进企业战略合作上的功效并不如预想的那么高。企业间合作解决问题，以及由此产生的合作更多地建立在非人格化的商业关系上，如企业间资源共享的惯例、正式契约基础上的战略联盟与网络等。另外，合作程度也受到企业吸收能力的影响，创业者关系网络对关系型资源培育的贡献多体现在供给上，即获取一个进入权。但在多大程度上将关系中蕴含的资源转化成可为企业控制和使用的关系型资源，还有赖于企业内部的资源能力。此外，商业伙伴资源与内部资源的适配程度，也是影响创业者关系网络与合作之间关系的一个重要因素。创业者关系网络对合作较小的贡献率，说明关系与社会资本之间也存在差距，支持了对两者关系的假定。在两个不同绩效指标上，笔者都发现，合作对创业者关系网络与绩效间的关系发挥着完全中介效应，支持了本研究的核心假设，即关系需要通过合作才能转化为生产力。当然，综上所述，虽然当前创业者关系网络的职能主要表现为合作，但这种职能的发挥还存在较大的空间。

本研究的贡献主要体现在以下几个方面：第一，我们对影响企业绩效的创业者关系网络因素与合作因素同时进行了研究，对以往研究（如 Park and Luo，2001；Peng and Luo，2000）进行了拓展，发现合作比创业者关系网络本身对绩效有更重要的作用；第二，合作在创业者关系网络影响销售增长和净利润增长上表现为完全中介效应，说明合作是关系转化为生产力的必然途径，对此中介效应的检验，进一步厘清了创业者关系网络作用于绩效的机制；第三，对企业不同类型绩效的考察说明了创业者关系网络、合作影响绩效的能力上存在不同，它们对销售增长的贡献大于对净利润增长的贡献。

本研究结论对企业更好地利用创业者关系网络及合作，以提升企业的战略与财务绩效，提供了一些理论与实践上的指导。创业者应首先重视关系的建立，有意识地开发与维持那些有助于企业获取战略性资源的外部关系。更重要的是，通过有效地合作开发，共同解决生产与经营管理中的问题，最大限度地挖掘利用社会关系中蕴藏的资源。关系对于不同战略目标的实现有着不同影响，着眼于市场拓展的企业应加大对创业者关系网络的投入。而对着眼于提升利润增长的企业，则需要在发展外部关系的同时，也要重视与此相关的关系开发成本，避免陷入销量虽大但无利可图的困境。因为对于财务绩效而言，创业者关系网络构成的可能是资产，也可能是一种负债。

第七章

高校衍生：影响因素及绩效

在大学知识转移、技术商业化研究领域，高校衍生企业一出现就频频受到关注，作为技术转移的主要模式，其在理论上和实践上都价值巨大。事实上，到了20世纪90年代，科研院所、高校的衍生企业已经成为学术界研究的热点（Wright et al.，2006）。从现有研究来看，学者们普遍认为高校衍生企业作为衔玉出生的一个特殊群体（Chatterji，2008），从母体高校天然地继承了一系列战略资源，这些资源深刻地影响了企业的产生和发展，但现有研究鲜有考虑到衍生企业企业家能力的影响，而很早就有学者指出企业家的经营能力是决定企业边界的一个重要因素（Robert，1978），企业家能力是完成创业工作并实现创业绩效所必需的能力要素的集合（杨俊，2005）。因此，本章通过对相关研究文献的梳理，试图解析影响高校衍生企业创建及发展的主要因素，并在此基础上构建高校衍生企业影响因素模型，尝试从衍生企业发展的内在机理出发，厘清企业家能力与衍生企业资源继承利用的互动关系，为高校衍生企业绩效水平的提高提供一定的理论与实践指导。

第一节　高校衍生企业：界定及其贡献

高校衍生企业是从一个稳定的组织（如大学、研究机构等）通过某种方式孕育而出的企业。高校衍生企业首先应满足一切衍生企业所具有的特性，此外还应具有如下特征：①创立者必须来源于高校（教员、工作人员和学生）；②所采纳的技术应在高校环境中产生；③从高校到企业中的技术转移必须是直接而非间接的雇佣转移。Smilor（1990）和Birley（2004）等人也认同此观点，认为高校衍生企业的核心技术均来源于高校的科研成果，或是利用高校中的设施和资源开发出的科研成果。可见，高校衍生企业是“为了将高校或高校科研人员拥有的技术商业化而成立的公司”。

综合以上观点，我们认为高校衍生活动是指学校成员出于不同目的利用其高校设施、资源等进行的技术或成果的商业性转化，当这一活动发展到特定阶段并形成一定规模时，高校衍生企业便应运而生。它在科技来源和智力支持方面似乎先天地具备了某些优势，因此在一定程度上可谓“含着金钥匙出生”。

高校衍生企业对当地区域乃至国家的经济作出贡献，这也是其日益得到关注的重要原因。作为强有力的高新科技公司群体，1980—1999年从美国学术机构分离出来的衍生企业，为美国创造了 335 亿美元的收入，并提供了 280 000 个工作岗位。由大学技术管理者协会（AUTM，2001）统计可知，仅麻省理工学院的所有运营分公司包括其校友附属公司，每年就产生 2 320 亿美元的交易价值，并提供 1 100 万个新工作岗位。

我国的高校衍生企业经过 20 多年的发展，也取得了显著成绩。据统计，至 2008 年年底，我国共有校办企业 6 472 个，其中科技型企业 3 812 个，占统计总数的 58. 90%，2008 年全国高校校办产业收入为 3 216. 24 亿元，比 2007 年度收入总额 2 753. 27 亿元增加了 462. 97 亿元，增长率为 17%，其中科技型企业收入总额为 2 743. 72 亿元，占全国高校校办企业收入总额的 85. 30%，比 2006 年度科技型企业收入总额 2 285. 66 亿元增加了 458. 6 亿元，增长率为 20%。

第二节 高校衍生企业企业家能力、资源与绩效

一、高校衍生的创业驱动

作为高校衍生创业的行为主体，高校衍生企业家一般由大学教员、工作人员或学生构成，即学术型企业家。学术型企业家作为创业主体影响高校衍生企业的产生与发展，衍生行为很大程度上取决于企业家个体的动机、特质和能力等因素。他们的创业动机是我们首先应探讨的问题。研究发现，可观的报酬前景、企业家对研究项目的责任感、追求声望的欲望和对独立及将成果社会化的渴望等都是比较常见的驱动因素，还有少数研究者最初是将衍生活动视为一种趣味游戏。这其中，可观的报酬前景所产生的激励作用最大，因为通过对研究成果进行商业性转化，获得的资金报酬比纯粹的学术研究所得要多。Landry 等（2006）还认为，一些研究者参与衍生活动旨在保护那些具有商业潜力的研究知识，即研究学者参与保护知识产权活动的程度，与其创建出衍生企业的概率成正比。

在高校衍生企业的产生与发展过程中，学术企业家通过扮演不同角色发挥作用，但作用大小则因其个人性格、成功欲、资历及教学情况等特质的不同而不尽相同。从个性角色来看，那些性格外向、善于交际的学术企业家更可能投身到衍生企业的活动中；此外，对成功的需求、对独立的渴望及内在自我控制力这些个人特质也会影响其在高校衍生活动中的作用。

这就是说，一旦学术企业家有强烈追求成功的意愿，便会积极参与到高校衍生活动中，并主动寻求各种可能的合作，以期望得到更多的成功与认可。

二、高校衍生创业的个人特质——企业家能力

从高校衍生企业家能力的角度，研究者们也提出了自己的观点。企业家能力是一种识别、发展和完善企业现有资产束或者整合新资产的能力，熊彼特认为“企业家的职能就是识别企业的生产性因素，并整合它们”。企业家行为是成功指导资源流以满足用户的需求（Mises，1995）。高校衍生企业作为与特定母体组织有丰富资源联系的组织形式，其很多创建者和管理者本身就是母体高校的专家教授、管理高层，这样的创业团队和管理团队在企业发展过程中的企业家能力就集中表现为：发现机会、成功将科研成果商业化的战略能力；有效整合、配置资源的能力；建立良好的政府和社会关系网络、积累充足的社会资本来促进企业成长的关系能力以及在企业发展过程中一定的学习和分析能力等。从知识角度出发，学术企业家首先应具有从事研究所需的丰富知识，知识是一个公司最基本的资源，高校衍生企业产生的实质就是对知识的发展、保护与转化。在创业中，知识主要包括科学技术知识和组织知识，高校衍生企业家一般不缺乏科技知识，因此过硬的组织知识才是他们获取竞争优势的基本资源。有研究者认为，仅仅拥有知识能力并不够，企业家还需要具有市场化能力，教授们参与市场活动的程度与其创办高校衍生企业的概率成正比。学术企业家通过对研究成果进行转化并投放市场，才能最终创办出高校衍生企业。同时，创业活动开展的本身就需要创业主体具有独特的机会识别能力，因此衍生企业的企业家更要具备在不确定环境中开发机会、创造租金等创新能力，管理协调能力及领导能力。正如Meyer（2003）所说，高校衍生企业的成功创建要求学术企业家具备较强的关系网络能力，即借助关系网络进行外部资源动员的能力。

三、企业家能力与资源整合

企业家独特的经营能力最终促进了企业的可持续发展，提高了企业绩效，这已经得到了许多理论的支持和实证检验（Barney，1986）。企业家能够从非均衡的要素市场与产品市场中发现机会、获取资源，并对企业所拥有的资源进行整合，增加各种资源的组合效应，及时淘汰那些不再适应企

业发展的资源，促进企业的发展，提高企业绩效（贺小刚，2007）。进一步验证了相关组织能力与新创企业绩效之间显著的正向关系（Baum，1994）。高校衍生企业作为衔玉出生的一个特殊群体（Chatterji，2008），从母体高校天然地继承了一系列战略资源，这其中就包括很多高校衍生企业的创业团队和管理团队本身就是母体高校某一领域的专家教授、管理高层。贺小刚和李新春（2005）认为企业家能力的发挥有约束性因素，企业家经营能力的发挥主要受制于其现存知识量和知识结构，企业家的性别、受教育程度、社会地位等背景特征与企业家能力也有一定的相关关系（Man，2001；边燕杰和丘海雄，2000）。因此，高校衍生企业的这部分“专家之所以被认为是稀缺的，不是由于先天遗传，而是因为他们具有来自于实践经验的知识结构”（Mitchell，1998）。它们在高校衍生企业的发展过程中，能够根据自己的知识结构成功地分析新的商业机会，发现商业机会，创立衍生企业，成功将科研成果商业化，同时运用自身担任着学校行政或学术职务的背景，更便利、更有效地使高校的科研成果实现市场化和商业化，对衍生企业的创建起到了重要作用。此外，这部分企业家具备一定的专家知识结构和管理经验，具备领导、控制、监管、组织以及调动组织内外部资源的能力，能够对衍生企业各个职能领域进行有效组织和规划，有效利用、整合高校衍生企业从其母体组织中获取的资源，并将这部分资源高效地用于企业的发展，提高衍生企业的绩效。进一步地说，关系基础的战略（战略联盟与政府网络）促进了企业效益的增加（Shan et al.，1990），企业家的关系能力能有效促进企业的成长（边燕杰和丘海雄等，2000）。衍生企业的发展是一个社会化的过程，高校衍生企业的企业家依托母体高校的优势，结合自身的社会地位，能够运用关系构建能力，通过交往和联络来为衍生企业的发展铺平道路，积累充足的社会资本，为衍生企业争取更多的政府资助和支持，形成衍生企业的优势。最后，具备特定知识结构的高校衍生企业家具备较强的学习能力和分析能力，这就使得他们能够在企业发展过程中有效地解决复杂问题、排除企业发展的障碍。因此，高校衍生企业的企业家在企业创立发展过程中，从企业的创立、机会的探寻、内外资源的整理、关系网络的构建以及问题的分析解决中均发挥了重要作用，有力地促进了高校衍生企业资源的获取和利用，提高了企业绩效。

因此，结合上述理论分析，本章构建高校衍生企业企业家的能力、资源基础与绩效的关系模型，如图 7－1 所示：

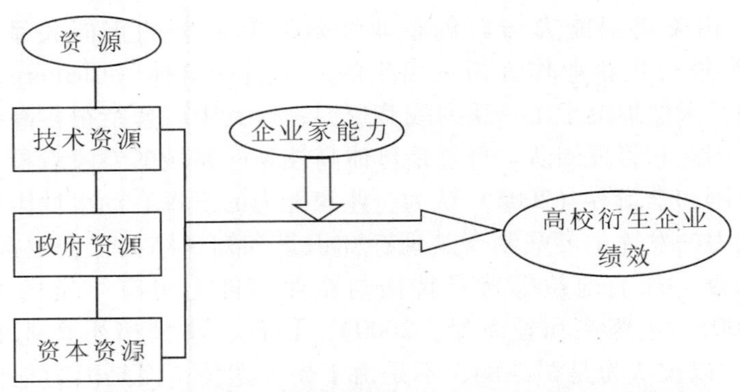

图 7－1　高校衍生企业企业家的能力、资源与绩效关系模型

四、高校衍生创业案例分析

为了验证高校衍生企业的企业家能力、资源与绩效关系模型，我们选用华工科技产业股份有限公司（隶属于华中科技大学，以下简称华工科技）、上海复旦复华科技股份有限公司（隶属于复旦大学，以下简称复旦复华）和浙江浙大网新科技股份有限公司（隶属于浙江大学，以下简称浙大网新）三家公司来进行对比研究。

华工科技主要经营激光器、电子元器件、光学元器件等电子类产品。公司母公司为武汉华中科技大学产业集团有限公司，最终母公司为华中科技大学，股权比例为 44.84%。复旦复华是复旦大学控股的上市公司，以软件开发、生物医药以及园区房产为核心业务，实际控制人为复旦大学，其股权比例占到了 24.99%。浙大网新是依托浙江大学综合应用学科优势组建的高科技企业，是中国领先的 IT 服务商与机电总包商，浙江大学控股比例占 16.24%。依据 2007 年度财务报告，这三家公司绩效各有不同。在资产规模方面，三家公司的资产规模均超过了 10 亿元。是高校衍生企业中规模比较大的企业。2007 年，三家公司主营业务总收入分别为 1 003 163 453元、500 895 555.7 元和 5 446 046 579 元，除复旦复华外，另两家公司均超过 10 亿元。2007 年的净利润率指标按从大到小的顺序分别是：复旦复华 5.65%，华工科技为 4.78%，浙大网新 3.16%。从每股盈利率、净资产收益率、资产收益率和托宾 Q 值等这些指标来看，华工科技、复旦复华和浙大网新三家公司均呈逐渐上升趋势，如在每股盈利率上，三家公司按从小到大分别为：华工科技16%，复旦复华18%，浙大网新21%；从衡量上市公司财务绩效的主要指标托宾Q值来看，华工科技以1.57为最低，复旦复华为2.35次之，而浙大网新则以2.67为最高。因此，综合各类指标的对比结果，笔者认为$P_{华工科技} < P_{复旦复华} < P_{浙大网新}$（其中，$P$ = performance，表示绩效水平）。为什么三家公司在绩效水平上会有如此有趣的对比结果呢？排除三家公司在规模、行业、年限等方面的考虑，我们认为一个很重要的原因在于三家企业所隶属的高校不同，其从高校中所能获取的资源也不同，而企业家能力在这一过程中起到一个正向推动作用。华中科技大学、复旦大学及浙江大学虽然均为国内著名重点高校，但三者的实力及擅长领域不同。根据《中国大学评价》课题组研究表明，华中科技大学在我国工学类大学中排名第六，复旦大学为研究I型大学，浙江大学也为研究I型大学，工学排名第二。

具体分析，在技术资源方面，三家高校上市公司各自依靠其强大的母体高校在各自领域上均有不俗的表现。华工科技依靠国内重点高校华中科技大学，拥有强大的人才优势与研发实力，拥有激光技术国家重点实验室、激光加工国家工程研究中心等国家级科研机构，现有员工近3 000人，平均年龄30岁，技术研发人员近900人。复旦复华依托复旦大学雄厚的科研、技术和人才优势，积极探索和实践高科技产业。复旦大学拥有全国优秀的芯片研发人才，并拥有我国唯一的专用集成电路和芯片国家重点实验室。依托该优势，公司成功介入微电子IC产业，由其自主设计的“中视一号”数字电视地面传输芯片生产成功，确立了其在数字电视界的龙头地位。截止到2007年报告期末，公司在职员工为1 976人，专业技术人员1 001人，占到总员工数的50.65%。同样的，浙大网新也继承了浙江大学丰富的技术资源。如2007年，公司启动与浙江大学共建“浙大网新金融信息工程研究中心”项目，争取把浙大网新金融信息工程研究中心建设成为国家级工程中心。公司还与浙江大学联合完成了“支持数字化产品的嵌入式系统软件平台”项目，并获浙江省科学技术一等奖。公司现有在职员工4 254人，其中技术人员2 423人，科研人员比例为56.96%，从技术人员所占的比例来看，浙大网新的最大，复旦复华的次之，华工科技的最小。

在政府资源的获得方面，高校上市公司更容易获得政府政策的扶持、税后优惠和政府补贴等。由于高校实力的不同，三者所获得的额度也相对不同，其中，复旦大学下属的复旦复华和浙江大学下属的浙大网新在这方面比较明显。复旦复华在2007年共获得了政府补助4 708 464.19元，占到净收益比例的16.64%。复旦复华还获得了上海市政府的一些税收优惠，如其子公司上海中和软件有限公司作为国家规划布局内的重点软件企业，其技术开发、技术转让收入享受免税优惠。浙大网新在2007年度所获得的政府补助额度是最大的，为24 425 660.61元。这些补助来源于杭州市政府的科研生产用房房租补贴，以及国家支持科研项目的经费，其中很大一部分是来源于政府在科研开发项目上的补贴收入。如公司于2007年末收到浙江省科学技术厅拨入的项目经费1 500 000元用于基于Linux内核的虚拟Windows操作系统项目研发。同样的，对于华工科技来说，其所获得的政府补贴、税收优惠等也不少，如其子公司武汉海恒信息存储有限责任公司和武汉开目佰钧成软件资源有限责任公司均为高新技术企业，在2007年均免征所得税。但是相比于复旦复华、浙大网新，其比例并没有那么明显，其政府资助仅为275 000.00元，比例占当期总收入水平的0.61%。

从资本资源的获得方面来看，三家高校的数据中，华工科技在成立之初获得武汉建设投资有限公司的投资，这部分比例占到了3.46%。复旦复华在上市之初由复旦大学持240.74万股，占了总股本金的55.48%，风险资本获得倒不明显。但是由于该公司母体复旦大学所占的比重较大，并被定义为高校企业，因此，1990年、1991年执行向复旦大学上交实现利润50%抵所得税，同时免交能源交通建设基金和国家预算外基金。浙大网新在成立之初则收到了绍兴市信托投资有限公司以及中国高新轻纺投资有限公司总计13.75%比例的投资。

最后，从居于核心地位的企业家能力表现来看，所选取的三家高校上市公司中均有一个高学历、多专业和宽背景的经营管理团队，如复旦复华的董事长王生洪任复旦大学校长，总经理蒋国兴则曾任校产委副主任、校产办主任、产业化与校产管理办公室主任；华工科技的董事长马新强任华中科技大学激光技术与工程研究院副院长等。如前所述，企业家的能力发挥有约束性因素，包括现存知识存量、知识结构和企业家背景等因素，因此高校衍生企业的企业家在创建、管理一家企业所表现出来的战略眼光、资源整合能力、关系构建能力等相比于一般衍生企业来说更强。以浙大网新为例，其战略决策层中有中国工程院院士1名，博士4名、硕士多名，董事会队伍中既有计算机学科带头人，也有金融投资、工商管理和营销传播等各方面的专家，这样的管理团队使得浙大网新迅速成为目前中国信息咨询服务的领先者，尤其是其当家人陈纯，作为一名“教授式CEO”，企业家能力在这个过程中得到了淋漓尽致的体现。陈纯是浙江大学的教授、博士生导师，浙江大学软件与网络学院院长，计算机系系主任，软件研究所所长；有深厚的专业知识，从事人工智能计算机图形图像处理、计算机网 CAD/CAM、CSCW 等领域的科研工作多年。在陈纯接手之前，浙江大学的计算机学科建设在国内虽处于第一流的水平，但在成果产业化方面，却落后于其他兄弟院校。北京大学计算机学科有两个上市公司——方正和青鸟；清华大学有同方和紫光；浙江大学甚至也落后于东北大学，缺乏像东大阿派那样的明星企业。意识到这一点，陈纯教授以其独到的战略眼光，认为浙江大学应发挥自身的技术、人才和科研水平的优势，对现有资源进行整合重组，打造自己的重量级 IT 企业。于是，以他为首的创业团队运用一系列整合重组，对原天然科技公司成功地进行转型，使浙大网新成功“借壳”上市。作为国内知名学府，浙江大学有丰富的综合学科资源，以陈纯为代表的管理团队充分意识到这一点，自浙大网新成立之初就积极筹建以浙江大学为重要依托，由潘云鹤院士领衔的高标准、高规格的网新中央研究院，为浙大网新业务发展提供重要技术支撑体系。2006 年 5 月，陈纯等管理层又进一步与浙江大学签署了全面战略合作协议，通过让浙江大学与浙大网新对口业务共建、共管校企联合工程技术中心等方式，来为浙大网新建设企业技术创新体系、承担重大工程项目及建设人才队伍提供有力的支撑。正是运用这样的资源整合能力，陈纯等带领浙大网新走出了与浙江大学紧密结合的产学研互动的发展道路。在浙大网新成立之初，陈纯等创业者又成功驾驭关系构建能力，从浙江大学之外成功引入多家股东来进行投资，在浙大网新发展过程中，又依托浙江大学的名校优势，利用政府对高校衍生企业的支持，成功为浙大网新争取更多的政府资助金额，有力地促进了浙大网新的发展。因此，我们认为，在高校衍生企业的发展过程中，一定的资源基础固然重要，但如何将这样的资源优势转化为企业实实在在的竞争力，促进企业绩效的提高，企业家的能力才是关键，从浙大网新的发展历程中，我们便可见一斑。

当然，从我们所选取的三家企业高层来看，企业家能力在衍生企业发展过程中的强弱仍有细微的差别。企业家能力本身是比较难以衡量的一个变量，但从结果导向来考虑，可以用高管管理费用率来衡量高管管理水平的差异（叶红雨，2004），其中，高管管理费用率 =（管理费用 + 营销费用 + 财务费用）/主营业务收入，进而来量化分析三家企业高管资源整合能力的区别，以一个点来分析企业家能力表现的差异。从表 7－1 可以明显看出，三家企业在高管管理水平上有明显差异，华工科技的高管管理费用率最高，为18.84%，复旦复华次之，浙大网新则最低，仅占8.47%，因此，笔者认为浙大网新的企业家能力最强，复旦复华次之，华工科技则最弱。

表7-1　三家公司的高管管理水平对比　　单位：元

	营销费用	管理费用	财务费用	主营业务收入	管理费用率	企业家能力排序
浙大网新	151 889 708.16	239 714 406.96	70 066 876.5	5 446 046 578.6	8.47%	1
复旦复华	30 250 571.03	50 296 386.79	10 748 283.09	500 895 555.70	18.23%	2
华工科技	71 410 579.97	86 034 673.62	31 558 696.62	1 003 163 452.82	18.84%	3

数据来源：2007年度报告

由图7-2所示，我们将高校衍生企业从母体高校所获取的资源进行量化对比分析来看（技术资源——技术人员所占比例；政府资源——政府投入比例；资本资源——风险投资比例等），华工科技在三类资源的获取上总体来说比较低。复旦复华虽然在风险投资上的比例为零，但是由于其上市之初的特殊性，这部分资源在复旦复华可暂忽略，从总体上来看，其从高校所获取的资源是高于华工科技，而低于浙大网新的。换言之，$R_{浙大网新} > R_{复旦复华} > R_{华工科技}$（其中，$R$ 为 Resource，表示高校衍生企业从高校所获取的资源）。另外，从企业家能力的对比来看，华工科技高管管理费用率最高，对应的企业家能力相比于浙大网新和复旦复华较弱，即 $C_{浙大网新} > C_{复旦复华} > \mathrm{C}_{华工科技}$（其中，C 为 Capacity，表示企业家能力），如表7-1所示，这与我们案例分析开头总结的 $P_{华工科技} < P_{复旦复华} < P_{浙大网新}$ 相互对应。因此从案例分析的结果来看，我们所提出的理论假设符合实际验证。

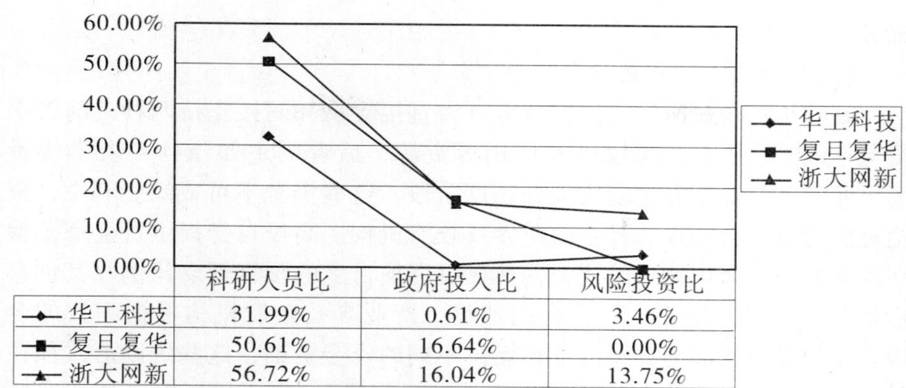

	科研人员比	政府投入比	风险投资比
华工科技	31.99%	0.61%	3.46%
复旦复华	50.61%	16.64%	0.00%
浙大网新	56.72%	16.04%	13.75%

图 7－2　三家公司的绩效影响因素对比分析

通过对华工科技、复旦复华以及浙大网新的对比研究，我们发现，作为母体组织限定的高校衍生企业，获取资源越丰富，其创立和发展过程中的绩效表现越好。而对于如何将这部分资源优势进行转化，有效促进企业绩效提高，企业家能力则是关键。企业家在高校衍生企业的发展过程中，能够感知并评价创业机会，整合企业内外资源，构建有利的关系网络，排除发展障碍，进而发挥高校衍生企业本身的资源基础优势，促进企业自身的发展。

第三节　高校衍生企业发展的内外部影响因素

一、高校衍生企业发展的内部支持：资源与机制支持

资源基础观（Resource-Based View）是近些年来西方管理学领域研究企业成长问题的一种重要学说，它将企业视为一组资源与能力的集合，强调资源是企业增长的动力和源泉。近年来，不少国外学者纷纷从企业资源观的角度来分析衍生企业的产生和发展。衍生企业的产生符合资源观价值创造的内在逻辑，资源观在解释企业衍生后的表现也非常有效，衍生企业的业绩很大程度上取决于它从母体企业所获资源的数量与质量。高校衍生企业从大学这一母体组织出发，借助母体组织所拥有的技术、人力、政策支持和内外部风险资金等一系列资源和能力建立起来。因此，其产生和发展与从母体组织所能获得的资源息息相关。具体而言，包括以下几个

部分：

（一）直接与间接的资源支持

高校衍生企业所需资源支持可分为直接支持和间接支持两种，前者主要包括政策、资金、实物以及信用等资源，后者则主要指社会资本等资源，尤其在企业创办之前或创办初期阶段，这些资源不可或缺。其中，资金资源通常来自高校、社会商业界及政府机构。高校自身提供资金资源旨在增强其技术知识转化的能力，其在研究项目上的预算开支比例与其创办衍生企业的概率成正比。社会商业界、产业界及政府机构根据高校的名声、优势及科研能力等标准选择提供不同的资金资助，这些资助形式往往是产业研究基金，并在此基础上设立“孵化器”，主要用于对高校研究成果进行商业转化，高校得到的产业研究基金规模与数量往往与衍生企业产生的数目也成正比。然而也有少数学者对此并不认同，如 Clayton 等人（1999）就认为，高校衍生企业如果获得太多的资金资助，会因组建不必要的机构而造成浪费，事实上这些机构发挥的作用并不大，不仅占用大量资金，还会造成管理上的问题。由此看来，对于资金资源的支持力度及范围还需作进一步验证与探讨。

社会资本最早由法国学者 Jacobs（1961）提出，后经一些学者的深化，成为新兴经济社会学的重要范畴。高校衍生企业的社会资本主要包括创业者个人的社会关系网络以及新创企业与相关机构间的社会关系网络。衍生企业在创办初期，由于缺乏历史信用和商业经验，比较难以获得启动资金。而高校尤其是一流研究型大学，往往拥有丰富的社会关系网络资源，社会资本比较丰富，通过自身的社会信誉和社会认同感获取产业界及风险投资行业的青睐。这些机构在对债务风险进行评估后，在一定风险范围内往往愿意为衍生企业提供一定的信用担保，并在融资、贸易等方面为衍生企业提供便利。社会资本作为嵌入社会网络中的关系资源，已成为衍生创业活动不可或缺的重要支持，它不仅有效地减少了交易成本和信息搜寻成本，而且为其他形态资本的生成和积累提供了支持机制。

（二）高校衍生活动的支持性机构：TTO

大学科技孵化器和科技转化部门（Technology Transfer Office，简称 TTO）在国外的高校衍生实践中发挥着不可低估的作用，它主要为企业创造一个创新的环境。学者们强调科技孵化器和科技转化部门能极大加速技术转化，并最终推动衍生企业的产生。

在学者、风险投资者及提供各种创建衍生企业所需资源机构间的复杂关系网中，TTO扮演着操作者角色。因此，TTO的工作人员需要具备高素质和高技能，也需对他们进行适当的能力培训与发展。比如TTO需招聘、训练并激励那些有商业技能的人，督促他们致力于加快院系发明转化的申请率，从而加快创新的速度。研究证明，大多数较成功的TTO工作人员不仅擅长于市场评估、商业策划书撰写，还具备聚集风险投资的能力，为企业获取需要的资源。相比于那些初次从事TTO的工作者，成熟的TTO工作人员则因拥有较好的商业管理技能而表现出色，这说明需经历一段时间才能发展出有助于进行科技转化的技能。目前，多数学者都认为TTO的水平与其衍生企业的创建数目存在着正相关关系，然而如何提高TTO工作人员各方面的能力，这一问题还有待学者们进一步探讨。

（三）高校衍生活动的激励机制研究

企业资源观认为组织性程序和体制是一种重要资源，高校作为母体组织需要激励机制以鼓励其成员参与衍生活动，多数高校的激励机制都反映其现有文化、组织规范及政策，因而随国家及区域的不同而存在差异。如美国颁布《拜杜法案》（Bayh-Dole Act）后，高校更为积极地参与到衍生活动中。而在英国，由于政府对高校知识产权的商业化并没有给予足够的重视，激励不足，故其高校进行衍生活动的积极性相应地也就不高。

一些学者发现在出版社与研究者之间，还存在资费回报体系上的问题。由于投身公司创建的机会成本增加，“让发明者缴纳高额的版税”这一政策已使得衍生活动的产生数目日益减少。针对这一问题，相关部门需要为促进高校科技转化而制定一系列管理与激励政策并投入较多的资源，以及为消除转化进程中文化和信息障碍做出努力，比如制定较低的基本薪资率并给予较高的成果商业化报酬率，期望更能激励高校研究者进行科技开发及创业。

各个高校针对衍生行为的具体支持措施也存在差异，如英国剑桥大学的政策不同于其他英国的高校，它一直鼓励本校学术人员出去创业，只要创业目的是为教学、科研服务，个体对于创业方式可以自由选择，这可能也是剑桥的衍生企业数量较多的主要原因之一。在麻省理工学院（MIT），与科研人员共享由商业化而带来的财务收益、自由的请假政策等都是催生出衍生创业的有力政策。

（四）高校衍生企业的组织文化

文化是一个企业的灵魂，是其形成及发展的原动力。高校衍生企业的文化主要包括其母体组织的环境、对衍生活动的态度、历史及习俗等维度。传统上，高校主要有两大使命：研究和教学。过去的大学不参与任何商业性活动，也一直抵制其院系机构参与。但在此之后，随着时代的变革，高校通过参与一些产业基金研发项目，开始渐渐建立一种企业化惯例，创建衍生企业的观念便日益被接受和认可。这种态度的改变对高校衍生企业的影响不可小视，其改变的原因主要是：①来自社会的压力。社会要求学校拓宽使命，希望其能积极参与到促进区域经济发展的进程中来。②由于科学与技术在众多实验领域的内在联系日益增多，导致高校与产业界的合作研究也趋于增加。③政府在高校传统学术活动方面（教学与研究）的资助资金比例减少，使得高校不得不寻求其他形式的财政资助。此外，高校的历史及习俗也对其衍生企业的成功创建有重要影响。例如，麻省理工学院（MIT）一直积极参与商业活动及将科研成果商业化，并形成了良好传统，使其能在发展衍生企业方面硕果累累。

（五）实证调查及结论

Lockett、Wright（2005）评估了大学的资源和能力对于衍生企业创立的影响，通过对英国48所大学的样本分析发现一所大学产权保护上的投入、TTO转换商业的能力以及大学政体的忠诚性对高校衍生都有重大的影响。Powers和McDougall（2003）则通过引入120所大学在1991—2000年的实证数据，分析了一系列资源集：财政资源、人力资源和组织资源分别对大学技术转移的影响，研究结果表明：一个机构获得研发资金的数目、大学教员的质量、TTO的成熟程度以及一个大学产生出的专利数量均会影响到高校衍生企业的产生。总结国外研究学者的观点，本书认为高校衍生企业从母体组织所能获取的资源包括技术资源——技术骨干、专利等；政府资源——国家政策支持、科研经费的划拨等；资本资源——风险资本等。

首先，大学尤其是研究型大学是知识创新的主体，是原创性科研成果的重要发源地，在技术型资源储备上有着其他组织无法比拟的优势。这种优势使得高校衍生企业自诞生那天起，就较一般衍生企业在异质性技术资源取得与利用上占据先机，这也是高校衍生企业被称为“衔玉而生”的一个重要原因。这些异质性的技术资源往往是难以编码化的，因有高度的缄默性，所以不易为其他组织所仿效。此外，在可编码化专利型资源的获取上，高校衍生企业也有着天然优势。如Zucker（1998）发现，对于从高校等科研机构出来的“明星”科学家，他们创立的衍生企业由于其自身拥有的智力资本，在创业与成长过程中会获得一种租金。这种租金既可以来自于资源本身，也可以源于资源获取的过程——比竞争者以更低廉、更有效的方式取得资源。而且高校衍生企业的创业团队成员很多就是技术专家，是专利、发明的创造者，所以相对于其他一些白手起家型的创业公司，高校衍生企业在获取专利所需花费的时间、精力和成本上均具有优势，从而有助于取得更好的绩效。其次，大学里的科研技术能否走上市场，走入社会经济圈，影响到一个国家经济实力的发展和一个社会的进步。因此，各国高校科技型衍生企业都会受到政府的影响，包括一些政府部门及其代理机构向大学提供研究基金、国家政策支持、税收优惠等。最后，大学是衍生企业形成和发展的根本依托，能为衍生企业提供创业发展过程中必备的资本支持机制，包括更易于获得的风险投资、学校科研拨款等。缺少融资支持往往被视作影响衍生的重要制约因素之一，相比于其他类型的衍生企业，高校衍生企业在初创时，比较容易获得学校拨款或风险投资用于企业研发。如 Shane（2004b）指出，当 MIT 的学生毕业后想开设一家新公司时，波士顿的风险资本家们就会对其进行风险评估，并在认为风险不大的前提下给予其资金上的支持，同时介绍一些年轻的科学家对他们进行管理、技术等方面的指导。

二、高校衍生企业的外部支持：宏观政策与风险资本

除了上述内部因素的影响外，还有不少学者提出，诸如国家政策等一些外在环境因素的作用也需重点关注，学者多是从风险资本、所属区域属性及国家宏观政策等外部环境因素来进行分析，以阐释其对衍生企业的影响。

政策是高校衍生企业发展过程中自始至终都起着指导性作用的关键因素。随着社会经济的不断发展，决策者意识到支持高校进行技术成果转化的重要性，并制定出不少有利政策。如美国颁布于 1980 年的《拜杜法案》，该法案明确规定——向私人企业进行技术转移是政府资助研发项目的重要目标，而允许企业拥有相应的专利权或独占性许可有时是达到这一目标的必要方式，因此允许高校、非营利机构自动保留由政府资助的研究所产生的知识产权，同时要求它们必须申请专利并加快专利技术的商业化。《拜杜法案》极大地促进了高校技术专利的增长。自 1980 年，高校专利数量增长了五倍之多。此外，美国高校的研究成果显著增加，每百万美元的研究经费产生的专利数从 1980 年的 0.01 上升到 1997 年的 0.11（Mowery，2001）。因此，科研机构发明的专利占美国专利总量的比例一直

在上升。《拜杜法案》对技术转移与商业化也有显著影响。许多不曾鼓励技术商业化的高校都纷纷开始产生专利、许可衍生企业。美国高校的技术转移办公室（TTO）从1980年的25家发展到1995年的200多家。2005年12月，美国众议院司法和科技委员会还专门提出一项继续支持《拜杜法案》的决议。英国、日本等国家也纷纷制定出许多有利政策鼓励高校创办衍生企业。可见，政府政策的制定已成为高校衍生活动发展的助推器。

一般来说，风险资本的可得性对鼓励高新科技公司的发展起关键作用。通常情况下，高校不仅能从中获得大量研发经费，还能获得专业管理人员和咨询顾问专家的指导。越来越多的研究发现，风险资本在高校衍生企业产生过程中扮演着重要角色，并且不同区域的差异性都会影响高校衍生活动的水平。如果高校更多地与风险投资者合作，其衍生企业成功创建的概率就会增大。有趣的是，风险公司总部与其子公司间存在的地域距离，会降低其投资建立子公司的概率，Power等（2002）认为，如果高校所处区域拥有大量的风险资本，那么高校与其风险机构的距离将与高校衍生企业的创办概率成正比。但并没有证据证明，风险项目的数量、金额及其资本量等方面，与当地衍生活动发生的数量有关联。

三、总结与探讨：高校衍生企业影响因素模型及对我国的启示

综合以上高校衍生企业的内外部影响因素，我们在此总结出高校衍生企业影响因素模型，如图7-3所示。需要指出的是，高校衍生企业作为一种类型独特的衍生企业已引起广泛关注，并且已经积累了不少成果，但倘若难以对其独特性进行更多的提炼，我们只能将其作为一种独特情境来加以探讨，而难以据此发展出新的理论。也许这方面研究的更重要的意义在于为实践提供有针对性的指导。因此有必要进一步对我国与发达国家的高校衍生企业进行比较分析，以便借鉴发达国家的成功经验。

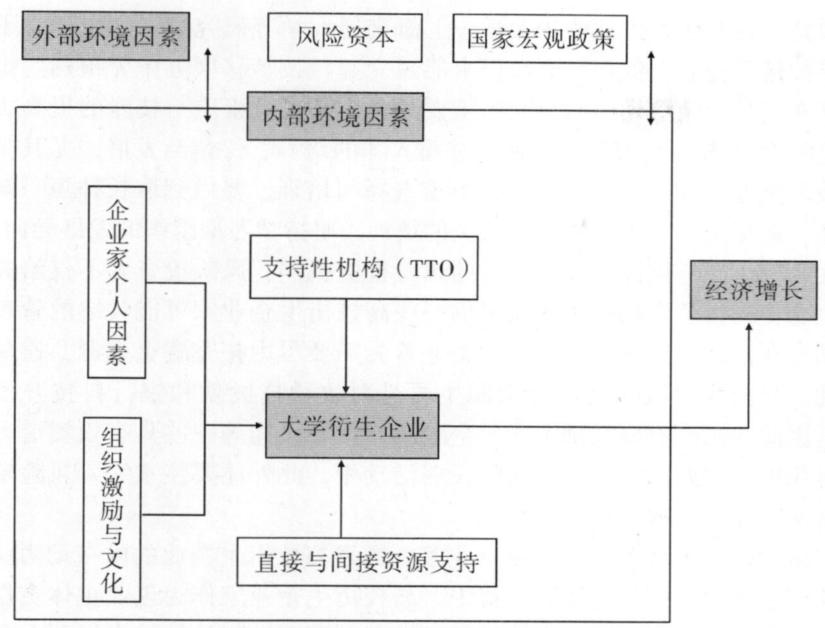

图 7-3　高校衍生企业影响因素模型

首先，从外部环境因素入手，我国政府需着力打造一个有利于高校衍生企业发展的环境。研究发达国家的成功经验，笔者发现政府对高校衍生活动的支持力度是最为重要的因素之一。政府对高校衍生活动的积极鼓励态度，会促使各高校对高校衍生企业的重视并出台相关政策细则。我国教育部及科学技术部也先后推出《关于科技成果转化的若干规定》，鼓励科技人员（包括高校科技人员）发展高新技术产业，但实践中还是面临不少阻力，诸如政企不分、科技管理人才缺乏、资金匮乏以及相关法律或政策体系缺失等问题。因此，国家有关部门需要积极制定有效的激励及保护政策，包括资金支持、基础设施支持、信用支持及社会资本支持等方面，应有目标、有重点地供其所需。鼓励高校与风险投资者及其他投资者进行紧密合作，并使其与政府及产业界保持密切联系，真正实现产学研三位一体的发展模式。

其次，设立完备的科技成果转化机构及科技转移孵化器，加快科技成果的转化。如美国很多高校都建立了科技许可办公室，专门负责研究成果的商业化工作，而日本高校衍生企业的成功也是因其科技转移机制的完善与成熟。在我国，虽然清华大学、上海交通大学等研究型大学也建立了国家科技转移中心，但多数高校仍未能建立起科技转移服务中介机构。由于TTO在高校衍生活动中所扮演的重要角色，其成员素质与技能的提高决定着TTO的水准。高校与企业还要注重人才的培养、保留与发展，尤其是对科技转化办事处（TTO）人员的慎重选择与培训，要做到取长补短、知人善任，避免短视行为，注重对人员的培训，坚持学习型组织的发展导向。

第三，政府应注重建立完善的风险投资机制。风险投资者不仅给高校衍生企业提供研发经费，还能提供一些高校衍生企业家可能欠缺的管理经验和专业网络。这方面高校衍生企业首先需要尽力拓宽资金来源，避免单一性。目前我国风险资本的来源主要是财政科技拨款和银行科技开发贷款，因此我国政府要鼓励个人、金融及非金融机构等一些具有投资潜力的力量积极参与到高校衍生企业的投资活动中，此外还要注重完善风险资本投资配套体系及相应担保机制。

最后，着力培养高校创业企业家，增强高校衍生企业的内在动力。在高校衍生企业的创建与发展过程中，高校衍生企业家作为创业主体占据着重要地位，如何调动这一主体的积极性至关重要。除给予技术发明人和创业者一定的股权鼓励外，将教师的科技成果转化等创业行为纳入考核体系，给予其更大的自由度与弹性来促成创业行为等。此外，鼓励青年学生加入高校创业企业家团队，发扬新生力量的创新和拼搏精神，逐渐在高校中形成一种衍生创业文化。

第四节　高校衍生创业：基于资源观的实证分析

一、样本的选取和研究方法

我国高校衍生企业经过20多年的发展积累，目前已经有了一定的规模和实力。据2007年中国高等学校科技校办产业统计报告显示，我国482所普通高等学校共计产生了近4 000家衍生企业，在这些众多的高校衍生企业中，一部分企业由于其出色的业绩表现而纷纷上市，截至2007年12月31日，教育部科技发展中心认定的高校上市公司共有32家。这部分高校上市公司是高校衍生企业的典型代表，以它们作为研究对象基本能反映出高校企业的现状。因此，为了验证第二部分提出的理论假设，我们以我国高校上市公司为研究样本来做实证分析，选取沪深股市 27 家和港股 7 家，剔除停牌的上市公司，如云大科技等，计 31 家高校上市公司来作为研究样本。为扩大样本量，我们采用了 2005—2007 年的数据，数据来源于巨潮网。

需要说明的是，由于全面搜集各方面数据非常困难，我们在实证研究中采取了简化和突出重点的方法，选取了一些可以重点反映各类资源禀赋的指标。我们以高校上市公司高管管理水平的高低来衡量高校衍生企业的管理资源禀赋，具体以高校上市公司高层管理费用占总营业收入的比例来衡量。高校衍生企业由于依托高校，更容易获得高校的人才资源和技术支持，而这集中体现为高校衍生企业本身科研能力的高低、科研人员比例的高低，因此，我们以科研人员的比例来衡量高校衍生企业所拥有的技术资源禀赋。风险投资是高校上市公司资本来源的重要部分，拟选取以高校上市公司创立之初获得风险投资资本比例来衡量高校衍生企业的资本资源禀赋。最后，政府资助额度的高低体现了高校上市公司依赖于高校所继承政府资源的多寡，我们以在报告期内获得政府资助额度的比例来衡量高校衍生企业的政府资源禀赋。此外，由于高校上市公司在产生和发展过程中会同时受到各种外在因素的影响，我们选取了高校上市公司的规模、行业与年限为控制变量。在此基础上，我们首先分析了各个解释变量对于高校衍生企业绩效的影响，建立了回归方程，其次进一步采用逐步回归分析方法，控制各个高校上市公司的规模、行业和年限，逐一加入高管管理费用率、科研人员比例、风险资本投入比例和政府资助比例等各变量来建立高校上市公司绩效影响因素的最优方程，以确定上述四类资源对高校上市公司绩效的影响程度。最后，我们借鉴国内外学者的研究成果，采用托宾 Q 值来衡量高校上市公司的业绩表现。

具体来说，各个资源因素对应的衡量指标以及各变量的定义如表 7－2、表 7－3 所示：

表 7－2　各因素对应的衡量指标

因　素	高校衍生企业绩效	管理资源	技术资源	社会资源	资本资源
衡量指标	托宾 Q 值	高管管理费用率	科研人员比例	政府资助比例	风险资本投入比例

表 7－3　变量定义表

变量的类型	变量的名称	变量符号	变量定义	预测符号
因变量	托宾 Q 值	TBQ	公司市场价格/公司重置成本	
控制变量	规　模	SIZE		
	行　业	INDU		
	年　限	YEAR		
自变量	高管管理费用率	EXP	总管理费用/主营业务收入	－
	科研人员比例	REC	科研人员数量/公司总人数	+
	政府资助比例	GOV	政府资助金额/净利润	+
	风险资本投入比例	VEN	风险资本投入/总资产	+

二、模型的建立与检验

（一）回归模型的建立

为了验证本章的理论假设，本章首先以高校上市公司的规模、行业及年限作为控制变量，建立各个变量的一元回归方程，验证各个变量对于高校上市公司绩效的影响程度。并在此基础上，将高管管理费用率、科研人员比例、政府资助比例以及风险资本投入比例四个自变量逐一加入，利用逐步回归分析法来建立高校上市公司绩效影响因素的最优方程。因此，本章拟建立的回归方程如下：

$$TBQ = \alpha_1 + \beta_1 EXP + \gamma_1 \text{ (control variables) } + \varepsilon_1$$ （公式 7－1）

$$TBQ = \alpha_2 + \beta_2 REC + \gamma_2 \text{ (control variables) } + \varepsilon_2$$ （公式 7－2）

$$TBQ = \alpha_3 + \beta_3 GOV + \gamma_3 \text{ (control variables) } + \varepsilon_3$$ （公式 7－3）

$$TBQ = \alpha_4 + \beta_4 VEN + \gamma_4 \text{ (control variables) } + \varepsilon_4$$ （公式 7－4）

$$TBQ = \alpha_5 + \beta'_1 EXP + \beta'_2 REC + \beta'_3 GOV + \beta'_4 VEN + \gamma_5 \text{ (control variables) } + \varepsilon_5$$ （公式 7－5）

其中，α，β，γ 表示待估参数；ε 表示随机扰动项；TBQ、EXP、REC、GOV、VEN 各控制变量见变量定义表。

（二）模型的检验

表 7－4 为对各变量的描述性统计，由此分析看出，所选取 31 家公司

的托宾 Q 值平均为 2. 24，最大值为 5. 26，最小值为 0. 76。而同期，我国整个 A 股市场中的行业或公司个体，90% 以上的公司的市价托宾 Q 值都在 2 以上，69% 以上的公司托宾 Q 值在 3 以上，46% 以上的公司托宾 Q 值在 4 以上，这说明高校上市公司的股价并没有被高估，基本反映其真实的价格水平。选取的这 31 家上市公司平均年限是 13 年，其中高科技行业有 16 家，非高科技行业的有 15 家。规模则呈现参差不齐，有些公司规模较小，仅 92 人，如上海交大慧谷信息产业股份有限公司，而有些企业随着公司的不断发展，规模不断扩大，如沈阳东软软件股份有限公司现有员工达到 7 000多人。我们在接下来研究中将对这 31 家公司的规模、年限、行业等变量来进行控制。从高管管理费用率来看，平均值达到 15. 48%，这说明高校上市公司的高管人员的管理费用率相对来说比较低，高校上市公司高管管理水平处于一个相对正常的水平。从科研人员比例来看，由于科技行业的企业占到一半以上，并且依托高校本身的人才优势，科研人员比例平均达到 29. 44%。从政府资助比例来看，所选取的 31 家高校上市公司平均比例为 14. 89%，说明高校上市公司由于其高校的血统而能够获得一定的政府资源。在高校上市公司上市之初，风险资本投入比例有些仅为 0. 39%，有些则达到 29. 70%，均值为 10. 78%，这说明部分风险投资家看好高校上市公司的发展前景，愿意对其进行投资，以期获得更高收益。

表 7－4　各变量的描述性统计分析

	N	最小值	最大值	均　值	标准差
托宾 Q 值	31	0. 76	5. 26	2. 24	0. 994
规　模	31	92	5 933	1 382	1 524. 831
年　限	31	8	22	12. 94	3. 750
行　业	31	0	1		0. 508
高管管理费用率	31	4. 54%	45. 06%	15. 48%	9. 258 4%
科研人员比例	31	9. 95%	49. 96%	29. 44%	11. 138 2%
政府资助比例	31	0. 00%	38. 17%	14. 89%	9. 908 5%
风险资本投入比例	31	0. 39%	29. 70%	10. 78%	7. 813 1%
有效值	31				

以所选取的 31 家高校上市公司的数据为源，将高校上市公司各个资源

因素与高校上市公司的绩效进行回归分析。从表7－5的回归结果来看，含有自变量——高管管理费用率的4.1方程，其模型检验结果是比较理想的。调整的相关系数R^2为0.428，F检验值其相伴概率为0.001，回归效果比较显著，系数为－0.047，说明高管管理费用率与高校上市公司的绩效呈明显的负相关。从4.2方程的回归结果来看，其调整R^2为0.408，F相伴概率为0.001，小于0.05，表明模型拟合优度也是比较理想的，科研人员比例与高校上市公司的绩效呈明显的正相关。从政府资助比例与高校上市公司绩效相关分析来看，两者之间呈正相关关系，调整R^2为0.396，F检验值为5.918，相伴概率为0.002。最后，回归方程4.4也符合预期，风险资本投入比例与高校上市公司财务绩效呈显著正相关关系，调整R^2为0.538，F值达到9.732，相伴概率为0.000。综合上述的分析结果，含有四个资源因素的回归分析结果基本符合我们在第三部分的假设，即高管管理水平的高低与托宾Q值呈负相关关系；技术资源与托宾Q值呈正相关关系；政府资助资源与托宾Q值呈正相关关系；风险资本资源与托宾Q值呈正相关关系，因此，我们的一元回归分析结果达到了一个理想的预期效果。

表7－5　各资源因素对于高校上市公司绩效影响OLS分析结果

	(4.1)		(4.2)		(4.3)		(4.4)	
	B	标准差	B	标准差	B	标准差	B	标准差
常数项	3.293*	0.681	1.654*	0.470	1.768*	0.449	1.831*	0.511
高管管理费用率	−0.047*	0.018						
科研人员比例			0.034*	0.014				
政府资助比例					0.049*	0.021		
风险资本投入比例							0.067*	0.017
规　模	0.04*	0.157	0.022	0.164	0.121	0.155	0.136*	0.134
年　限	0.183*	0.152	0.332*	0.149	0.016*	0.181	0.200	0.134
行　业	−0.620*	0.310	−0.788*	0.300	−0.489*	0.348	−0.599*	0.273
调整后R^2		0.428		0.408		0.396		0.538
F		6.621		6.175		5.918		9.732
显著性		0.001		0.001		0.002		0.000

注：* $P<0.05$

最后，我们以高校上市公司的规模、行业和年限为控制变量建立回归方程，并以这个回归模型为基本模型，逐步引入各个自变量，来分析模型拟合优度是否得到有效提高。从表 7－6 中看，TBQ = f（r）这个方程，总体调整系数为 0.294，F 值相伴概率为 0.006，且规模、行业和年限三者的系数均通过了 t 检验，这说明以规模、行业和年限三者作为基本模型是合理的。而当引入高管管理费用率这个自变量的时候，模型的拟合优度 R^2 有显著提高，R^2 从 0.294 上升到 0.428，高管管理费用率的系数值为 －0.047，且通过了 t 检验，F 值为 6.621，其相应概率为 0.001，因此，“回归系数为 $\beta'1=0$” 的假设 H_0 不成立，说明高管管理费用率确实能明显影响到高校上市公司的绩效水平。以 TBQ = f（EXP）为基本模型，我们进一步引入科研人员比例这一变量，模型的拟合优度进一步提高，调整 R^2 进一步上升为 0.434，F 值的相伴概率为 0.001，说明回归方程整体效果显著。同理，再分别引入政府资助比例和风险资本投入比例两个解释变量来看，拟合优度 R^2 均有显著的提高，分别从 0.434 上升到 0.461，从 0.461 升到 0.640。从方程 TBQ = f（EXP，REC，GOV，VEN）来看，常数项、行业、四类资源指标系数均通过了 t 检验，而规模与年限系数则没有通过，说明在四类资源因素的影响下，高校上市公司的绩效与高校上市公司是否为高科技行业有极大关系，而与高校上市公司的规模和年限关系不是特别明显。因此，我们最终确定高校上市公司资源禀赋与绩效关系的最优方程为：

$$TBQ = 0.679 - 0.010\ EXP + 0.031\ REC + 0.063\ VEN + 0.012GOV + (-0.411INDU) \quad \text{（公式 7－6）}$$

表 7－6　逐步回归分析法的高校上市公司绩效影响因素分析结果

		常数项	SIZE	YEAR	INDU	EXP	REC	GOV	VEN	调整后 R^2	F	显著性.
TBQ = f(r)	B	2.706*	0.158*	0.196*	−0.780*					0.294	5.172	0.006
	标准差	0.224	0.165	0.162	0.324							
TBQ = f(EXP)	B	3.293*	0.040*	0.183*	−0.620*	−0.047*				0.362	6.621	0.001
	标准差	0.296	0.157	0.152	0.310	0.018						
TBQ = f(EXP,REC)	B	2.526*	0.020	0.239*	−0.646*	−0.032*	0.019*			0.434	5.592	0.001
	标准差	0.751	0.161	0.159	0.309	0.022	0.017					

（续上表）

		常数项	SIZE	YEAR	INDU	EXP	REC	GOV	VEN	调整后 R^2	F	显著性
TBQ = f(EXP, REC, GOV)	B	2.055	0.01	0.086*	−0.416*	−0.029*	0.013*	0.032*		0.461	5.278	0.001
	标准差	0.796	0.157	0.185	0.338	0.022	0.017	0.021				
TBQ = f(EXP, REC, GOV, VEN)	B	0.679*	0.014	0.148	−0.411*	−0.010*	0.031*	0.012*	0.063*	0.640	8.618	0.000
	标准差	0.755	0.128	0.041	0.276	0.019	0.015	0.018	0.018			

注：* $P<0.05$

三、结论与讨论

本章的贡献在于以高校上市衍生企业为背景，在区别资源类型和属性的基础上，从实证角度检验衍生企业的资源水平对于绩效的影响，并揭示出不同类别资源对绩效的影响程度，具体结论如下：首先，高校衍生企业管理资源的多寡与企业绩效呈正相关关系。高管从母体高校获取的管理经验越丰富，管理水平和效率就越高，对企业绩效就越有正向影响，说明先前的相关管理经验通过提升管理运作效率、降低管理冗余，会有助于衍生企业绩效的提升。其次，高校衍生企业技术资源的多寡亦与企业绩效存在正相关关系。高校衍生企业从高校所获取的技术类资源越丰富，在新产品创新和革新上就越有可能取得突破，因而在向市场提供具有高附加值的差异化产品上就越有优势，进而有助于企业获得更好的绩效。再次，高校衍生企业拥有政府资源的多寡也影响着企业绩效，政府资源愈丰富，企业绩效表现越良好。从政府获得的国家科研经费的划拨、税收优惠等一方面直接有助于绩效的改善，另一方面也通过政府资源的桥梁、杠杆与品牌作用——如更多的政府资源可能意味着更好的企业潜力和信誉等，间接地对企业绩效有所贡献。最后，高校衍生企业资本资源的多寡与企业绩效亦呈正相关关系。高校衍生企业创立之初所获取的风险投资资本越丰富，衍生企业发展状况就越好。

从实证统计状况来看，不同类型的资源对高校衍生企业绩效的影响也有所不同，按贡献度由大到小排序分别是：风险资本资源、技术资源、政府资源和管理资源。可见，由于很多高校衍生企业是高科技企业，尤其是对处于初创期的高校衍生企业而言，风险资本往往起到决定企业生存与否的作用，而其技术是否过硬、专利是否领先，又在很大程度上影响着企业的发展。在此基础上，政府的资助和相关扶持政策也会在较大程度上影响高校衍生企业的发展。统计显示，在上述四个因素中，对高校衍生企业绩效影响最小的是管理资源。这有可能是因为高校衍生企业的管理层大多是技术专家，他们有时会表现得过于注重技术而忽视了市场，或管理水平离市场化还有一定距离，导致其实际上对衍生企业绩效的贡献较普通上市公司而言偏小。

第八章

结论与讨论

一、经验与衍生/裂变企业

虽然衍生和裂变创业在概念上存在一定差别，但它们在一个最关键因素上却是相同的，即创业者均是脱胎于某家现有企业，衔着金钥匙（先前经验与资源）创业。基于此种情况，一方面创业者依靠先前经验能够从创业前形成的网络里得到这些资源和能力；另一方面，创业者从先前的工作、生活等活动中形成了属于自己的“知识长廊”，从而影响其对创新机会的识别和判断。我们主要研究创业者经验与创新绩效之间的关系，分别考察创业者相关行业经验、管理经验、创业经验、政府从业经验与企业创新绩效之间的关系。在实证研究的基础上发现，创业者经验与企业创新绩效存在显著的正向关系，同时发现不同的管理职能经验、先前政府不同的职位级别从业经验对创新绩效影响存在显著差异。此外，环境丰裕度在经验与企业创新绩效关系中，起着负向调节作用。产业动态性在经验与企业创新绩效关系中起着部分调节作用。

我们的研究还显示，经验对于衍生/裂变企业获取异质性资源和企业绩效都呈明显的正相关性。也就是说，创业者拥有的经验越多，企业越容易获取更多的异质性资源，取得更好的绩效。反之，如果创业者拥有的经验越少，企业的资源获取量和绩效就越低。此外，异质性资源在创业者经验与企业绩效之间起显著的中介作用，企业家的管理经验、行业经验和创业经验通过获取大量的异质性资源来对新创企业的绩效产生作用。

在此基础上，未来可对经验进一步细化，比如从业经验的时间长短、先前管理经验与现有工作职位的匹配程度、成功与失败的创业经历以及创业次数的多少等，进一步研究它们对企业创新绩效的影响。

二、衍生创业的合作与网络化

关于衍生企业的何种特质使其形成了良好绩效的机制，至今仍未建立起一个有效的理论框架，这些衔着“金钥匙”出生的企业至少在两个方面与其他类型的创业企业有着显著不同：丰富的产业知识（经验、技能）与长期积累而来的社会关系网络。任何进一步推进衍生创业研究的尝试都不应被忽视，本书从关系网络的角度入手，探讨衍生企业的创业者关系网络是如何通过合作来提升企业绩效的。通过问卷调查，我们验证了创业者关系网络对企业绩效的重要作用，并证明合作是关系转化为生产力的必然途径。本章的研究结论对企业更好地利用创业者关系网络及合作，以提升企业的战略与财务绩效，提供了一些理论与实践上的指导。创业者应首先重视关系的建立，有意识地着力开发与维持那些有助于企业获取战略性资源的外部关系。更重要的是，通过更有效地合作开发、共同解决生产与经营管理中的问题，最大限度地挖掘利用社会关系中蕴藏的资源。关系对于不同战略目标的实现有着不同影响，着眼于市场拓展的企业应加大对创业者关系网络的投入。而对着眼于提升利润增长的企业，则需要在发展外部关系的同时，也要重视与此相关的关系开发成本，避免陷入销量虽大但却无利可图的困境。因为对于财务绩效而言，创业者关系网络构成的可能是一种资产，也可能是一种负债。

未来研究中以下几个问题值得进一步讨论：第一，加入企业内部资源变量，对衍生创业者关系网络与绩效的关系进行更全面的考察，特别是分析内部资源与创业者关系网络及合作的互动对绩效的影响，这会进一步丰富现有的研究；第二，考察创业者外部商业关系与支持关系对绩效的影响，能更完整地分析创业者关系网络类型对企业绩效的影响，也能更好地揭示合作的中介效应；第三，尽量完善变量设计与测量方法，更清晰、更科学地揭示研究结论。

三、衍生创业与高校衍生

本书从资源基础理论出发，探讨了衍生企业的资源基础与绩效的关系，并通过对高校衍生这个特殊群体进行实证分析来验证理论假设。目前，我国研究高校衍生企业的理论正处于不断发展和完善中，探讨衍生企业影响因素的理论并不少见，但鲜有从资源基础理论出发，将企业家能力作为一个核心要素来进行分析探讨的，我们的研究完善了这项理论，为后续研究提供了理论基础。而且本书的实践意义也是较为明显的。高校衍生企业在实际的发展过程中，应有效地整合利用其依托高校所拥有的技术优势和管理资源，进一步提升基于市场化导向的管理水平，将丰富的智力资源转化为企业实实在在的竞争力，并且要重视通过各种风险资本获取企业生存与发展所需的第一桶金，有效利用现有的国家政策来提高自身的绩效，这些都是高校衍生企业在未来长远发展过程中所要考虑的重点。

本书的实证研究和案例研究皆有效论证了理论假设，但研究设计仍可进一步完善。首先，受限于数据的可得性，本书对一些变量的衡量采取了简化形式，未来研究也可以尝试采用更大的样本量来作进一步检验。其次，实证设计弱化了企业家能力的测量，这可能导致结论中管理资源对企业绩效的影响作用偏小。最后，本书未详细测量中介效应，未来研究可在本书的基础上有针对性地进一步完善。因此，基于本书研究的局限性，我们认为未来我国关于高校衍生企业的研究可以在以下几个方面深入开展。

第一，在理论模型构建方面，在今后的研究中，可以进一步将我国高校衍生企业从高校中所获取的资源进行细分，结合我国高校衍生企业的实际发展情况，将专利数目、国家政策、税收优惠的具体数目以及高校衍生企业孵化器等纳入考虑的范围，进行具体的分析。

第二，结合高校衍生企业本身的发展过程，将我国高校衍生企业从产生到发展、壮大或者灭亡的这一动态过程进行研究。在实际的操作中，可以选取我国高校衍生企业 10 年或 20 年的一个长期发展阶段来进行深入分析，以获取我国高校衍生企业的动态演变历程。

第三，在进行高校衍生企业理论分析的过程中，可以进一步将高校衍生企业放在衍生企业这一范围内进行考虑，从一个比较宏观的视角来分析高校衍生企业相比于其他各种类型衍生企业的异同点，这对于更好地分析我国高校衍生企业的特征等方面有更深刻的意义。

第四，在选取高校衍生企业样本进行回归分析的过程中，今后的研究可以对我国各个地域的高校衍生企业，如华东地区、东北地区、长三角地区等一些比较知名的高校所衍生出来的高校衍生企业进行实地的调查研究、发放调查问卷、当事人访谈等调研活动，对我国高校衍生企业进行一个比较大范围的考察，以扩充样本量，增强实证分析结果的有效性。

第五，由于国外如美国、英国等的高校衍生企业发展比较成熟，研究高校衍生企业的理论比较前沿，因此，在今后的研究中，可以多借鉴国外高校衍生企业的理论成果，同时将国外高校衍生企业同我国高校衍生企业进行对比研究分析。

总之，高校衍生企业的研究课题，对于促进国内高校衍生企业的未来发展，推动高校本身乃至整个国家的技术转化和创新有深远的意义。当然，理论研究最终都用来指导实践，因此如何在理论基础上指导高校衍生创业的发展，才是所有学术研究的根本目的。

参考文献

英文部分

[1] Abburra L. et al. *Looking into Spin-Offs: Company reorganization, Business Creation, New Entrepreneurs.* Codex Development Agency, IRES Piedmont, Turin, 1998.

[2] Agarwal. R., R. Echambadi, A. M. Franco and M. B. Sarkar. Knowledge Transfer Through Inheritance: Spin-out Generation, Development and Survival. *Acadamy of Management Jouranl*, 2004, 47(4).

[3] Ajzen I. Nature and Operation of Attitudes. *Annual Review of Psychology*, 2001, 52.

[4] Aldrich H. E and M. A. Martinez. Many Are Called, But Few Are Chosen: An Evolutionairy Perspective for The Study of Entrepreneurship. *Entrepreneurship Theory and Practice*, 2001, 25.

[5] Allan Afuah. *Innovation Management: Strategies, Implementation, and profits.* London: Oxford University Press, Inc, 1998.

[6] Almeida P., Kogut B. Localisation of Knowledge and The Mobility of Engineers in Regional Networks. *Management Science*, 1999, 45(7).

[7] Alvarez SA, Busenitz LW. The Entrepreneurship of Resource-based Theory. *Journal of management*, 2001, 27(6).

[8] Amabile T. M., R. Conti, H. Coon, J. Lazenby and M. Herron. Assessing the Work Environment for Creativity. *Academy of Management Journal*, 1996, 39(5).

[9] Annaleena P. and Pia Arenius. From A Corporate Venture to An Independent Company: A Base for A Taxonomy for Corporate Spin-off Firms. *Research Policy*, 2003, 32.

[10] Anton JJ., Yao DA. Start-ups, Spin-offs, and Internal Projects. *Journal of Law, Economics, and Organization*, 1995, 11.

[11] Barney J. Firm Resource and Sustained Competitive Advantage. *Journal of Management*, 1991, 17(1).

[12] Barney J. Is The Resource-based "View" A Useful Perspective for Strategic Management Research? Yes. *Academy of Management Review*,

2001,26.

[13] Barney J. Strategic Factor Markets: Expectations, Luck, and Business Strategy. *Management Science*, 1986, 32.

[14] Barney, J. B. Resource-based Theories of Competitive Advantage: A Ten-year Retrospective on the Resource-based View. *Journal of Management* 2001, 27.

[15] Bates K. and Flynn E. Innovation History and Competitive Advantage: A Resource-based View Analysis of Manufacturing Technology Innovations. *Academy of Management Journal*, *Best Papers Proceedings*. 1995.

[16] Baum J., Calabrese T and Silverman B S. Don't Go It Alone: Alliance Network Composition and Startups Performance in Canadian Biotechnology. *Strategic Management Journal*, 2000, 21.

[17] Beckman M. C, Burton. D and O' Reilly C. Early teams: The Impact of Team Demography on VC Financing and Going Public . *Journal of Business Venturing*, 2007, 22.

[18] Benyamiin M., Bergmann Lichtenstein and Candida G. Brush. How Do "Resource Bundles" Develop and Change in New Ventures? A Dynamic Model and Longitudinal Exploration. *Entrepreneurship: Theory & Practice*, 2001, 25.

[19] Bernard and Y. R. Kerste. Spin-off Start-ups in the Netherlands: at First Glance. *Economic Institute*, 2002(2).

[20] Bhide A. How Entrepreneurs Craft Strategies That Work. *Harvard Business Review*, 1994, 72.

[21] Bierly P. and A. Chakrabarti. Generic Knowledge Strategies in The U. S. Pharmaceutical Industry. *Strategic Management Journal*, 1996, 17.

[22] Bj. rkman I. and S. ren K. Social Relationships and Business Networks: The Case of Western Companies in China. *International Business Review*, 1995, 4(4).

[23] Block Z and MacMillan I. *Corporate Venturing: Creating New Businesses within the Firm*. Boston: Harvard Business School, 1993.

[24] Brittain J. W. and Freeman J. H. Organizational Proliferation and Density Dependent Selection. In J. R. Kimberly R. H. Miles & Associates (Eds.), *The Organization Life Cycle*. San Francisco: Ossey-Bass, 1980.

[25] Brown B. and Butler J. E. Competitors as Allies: A Study of Entrepreneurial Networks in the U. S. Wine Industry. *Small Business Management*, 1995, 33(3).

[26] Bruderl J., P. Presendorfer and R. Ziegler. Survival Chances of Newly

Founded Business Organizations. *American Sociological Review*, 1992, 57(2).

[27] Brush C., Greene P and Hart MM. Resource Configurations Over The Life Cycle of Ventures. *Frontiers of Entrepreneurship Research*, 1996.

[28] Brush C, Radha Chaganti. Businesses without Glamour? An Analysis of Resources on Performance by Size and Age in Small Service and Retail Firms. *Journal of Business Venturing*, 1998, 14.

[29] Buchele R. *Business Policy in Growing Firms.* Chandler Publishing Company, 1967.

[30] Burt R. The Contingent Value of Social Capital. *Administrative Science Quarterly*, 1997, 42.

[31] Burton MD, Rensen J. and Beckman CM. Coming from Good Stock: Career Histories and New Venture Formation. *In Social Structure and Organizations Revisited* (*Research in the Sociology of Organizations*) (Vol. 19), Lounsbury M, Ventresca M. (eds.). Oxford, UK: JAI Press/Elsevier, 2002. 229 – 262.

[32] Carroll. G. R. and M. T. Hannan. *The Demography of Corporations and Industries.* Princeton: Princeton Univerisity Press, 2000.

[33] Chandler. G. N. and Jansen. E. The Founder's Self-assessed Competence and Venture Performance. *Journal of Business Venturing*, 1996, 7.

[34] Chandler. G. N. Business Similarity as a Moderator of the Relationship Between Pre-Ownership Experience and Venture Performance. *Entrepreneurship Theory and Practice*, 1996, 20.

[35] Chao C. Chen. Patricia Gene Greene and Ann Crick. Does Entrepreneurial Self-efficacy Distinguish Entrepreneurs From Managers? *Journal of Business Venturing*, 1998, 13.

[36] Chatterji. Spawn with a Silver Spoon? Entrepreneurial Performance and Innovation in The Medical Device Industry. *Strategic Management Journal*, 2009, 30.

[37] Chrisman J., Bauerschmidt A. and Hofer C. The Determinants of New Venture Performance: An Extended Model. *Entrepreneurship: Theory & Practice*, fall 1998.

[38] Cole A. An Approach to The Study of Entrepreneurship: A tribute to Edwin Gay. In: Aitken, H. D. (ed.) *Exploraions in Entrepreneurship.* Cambridge: Harvard University Press, 1965.

[39] Collins, C. J. and Clark K. D. Strategic Human Resource Practices, Top Management Team Social Networks and Firm Performance: The Role of Human Resource Practices in Creating Organizational Competitive Advantage. *Academy of Management Journal*, 2003, 46(6).

[40] Collis D. A Resource-Based Analysis of Global Competition: The Case of the Bearings Industry. *Strategic Management Journal*, 1991, 12.

[41] Cooper A. Spin-Offs and Technical Entrepreneurship. *IEEE Transactions on Engineering Management*, 1971, 18(1).

[42] Cooper A. C, Gimeno Gascon F. J. and Woo C. Y. Initial Human and Financial Capital as Predictors of New Venture Performance. *Journal of Business Venturing*, 1994(9).

[43] Cornell J. *Spin-Off to Pay-Off: An Analytical Guide to Investigating in Corporate Divestitures*. New York: McGraw-Hill, 1998.

[44] Cusatis P., Miles J. and Woodridge J. Some new Evidence that Corporate Spin-Offs Create Value. *Journal of Applied Corporate Finance*, 1994, 7.

[45] Dahl M. S., C. R. Pedersen and B. Dalum. Entry by Spin-off in a High-tech Cluster. *Danish Rearch Unit for Industrial Dynamics*, Aalborg, 2005.

[46] Dahlstrand A. L. Growth and Inventiveness In Technology-based Spin-off Firms. *Research Policy*, 1997, 26.

[47] Dahlstrand. Growth and Inventiveness in Technology-based Spin-off Firms. *Research Policy*, 1997, 26(3).

[48] Daley L., Mehrotra V. and Sivakumar R. Corporate Focus And Value Creation: Evidence From Spin-off. *Journal of Financial Economics*, 1997, 45.

[49] Davenport, A. Carr, D. Bibby. *Leveraging Talent: Spinoff Strategy at Industrial Research.*

[50] David B. Greenberger, Donald L. Sexton. An Interactive Model of New Venture Initiation. *Journal of Small Business Management*, 1988, 26.

[51] DDG Boyd, DE Gumpert. Coping with Entrepreneurial Stress. *Harvard Business Review*, 1983, 16.

[52] Dei Ottati G. Cooperation and Competition in The Industrial District as An Organization Model. *European Planning Studies*, 1994, 2(4).

[53] DiGregorio D. and Shane S. Why Some Universities Generate More Start - Ups than Others? *Research Policy*, 2003, (2).

[54] Drucker P. *Innovation and Entrepreneurship.* New York:Harper & Row,1985.

[55] Duchesneau D. A. and Gartner W. B. A Profile of New Venture Success and Failure in An Emerging Industry. *Journal of Business Venturing*,1990,5(5).

[56] Dyer JH and Singh H. The Relational View: Cooperative Strategy and Source of Interorganizational Competitive Advantage. *Academy of Management Review*,1998,23(4).

[57] Dyer JH. and Hatch N. Relation-Specific Capabilities and Barriers to Knowledge Transfers: Creating Advantage through Network Relationships. *Strategic Management Journal*,2006,27.

[58] Eisenhardt KM and Schoonhoven CB. Organizational Growth: Linking Founding Team,Strategy,Environment and Growth Among U. S. Semiconductor Ventures,1978—1988. *Administrative Science Quarterly*,1990,35.

[59] Elias G. C. and Maximilian,von Z. Architecting GolCal(Global-local), Real-virtual Incubator Networks (G-RVINS) as Catalysts and Accelerators of Entrepreneurship in Transitioning and Developing Economies: Lessons Learned and Best Practices from Current Development and Business Incubation Practices. *Technovation*,2005,25.

[60] Etzkowitz H. The Norms of Entrepreneurial Science: Cognitive Effects of The New University-Industry Linkages. *Research Policy*,1998(27).

[61] Fre'de'ric,N. N. ,Pirnay F. and Surlemont B. A Stage Model of Academic Spin-off Creation. *Technovation* 2002,22.

[62] Freeman J. Entrepreneurs as organizational products: Semiconductor firms and venture capital firms. In Libecap,G. (ed.),*Advances in the Study of Entrepreneurship,Innovation,and Economic Growth*,1 Greenwich:JAI Press Inc. , 1986,33 – 52.

[63] Gartner W. A Conceptual Framework for Describing The Phenomenon of New Venture Creation . *Academy of Management Review*,1985,10.

[64] Gartner WB. A Conceptual Framework for Describing The Phenomenon of New Venture Creation. *Academy of Management Review*,1985,10(4).

[65] Garvin D. Spin-offs and The New Firm Formation Process. *California Management Review*,1983,25 (2).

[66] Gerard. Slack Resources and The Performance of Privately Held Firms. *Academy of Management Journal*, 2005,48.

[67] Gimeno J. , T. B. Folta, A. C. Cooper and Woo C. Y. Survival of the Fittest? Entrepreneurial Human Capital and the Persistence of Underperforming Firms. *Administrative Science Quarterly*,1997,42(1).

[68] Glynn M. A. Innovative Genius: A Framework for Relating Individual and Organizational Intelligences to Innovation. *Academy of Management Review*, 1996,21(4).

[69] Gompers P. , Lerner J. and Scharfstein D. Entrepreneurial spawning: Public Corporations and The Genesis of New Ventures,1986 to 1999. *Journal of Finance* 2005,60(2).

[70] Gordon I. R. and P. McCan. Clusters,Innovation and Regional Development. Presented at The Symposium *Entrepreneurship,Spatial Clusters and Interfirm Networks*, Uddevalla,2003.

[71] Grimaldi R. and Grandi A. The Contribution of University Business Incubators to New Knowledge-based Ventures: Some Evidence From Italy. *Industry and Higher Education*,2001(4).

[72] Guillen M. Business Groups in Emerging Economies: A resource-based view. *Academy of Management Journal*,2000,43.

[73] Gulati R. , Nohria N. and Zaheer A. Strategic Networks. *Strategic Management Journal*,2000,21.

[74] Hall J. and Hofer C. W. Venture Capitalists Decision Criteria in New Venture Evaluation. *Journal of Business Venturing*,1993,8.

[75] Hansen E. Entrepreneurial Network and New Organization Growth. *Entrepreneurship: Theory and Practice*, 1995, 19(4).

[76] Hao Ma and Justin Tan. Key Components and Implications of Entrepreneurship: A 4 – P Framework. *Journal of Business Venturing*,2006,21(5).

[77] Hellmann T. When Do Employees Become Entrepreneurs? Working paper 1770. *Stanford Graduate School of Business*, Stanford, CA. Stanford University,2002.

[78] Hillman A. and Hitt M. Corporate Political Strategy Formulation. *Academy of Management Review*,1999,24.

[79] Hills G. , Schrader R. and Lumpkin T. Opportunity Recognition as a Creative Process. *Frontiers of Entrepreneurship Research*, Babson College, Wellesley, 1999,2.

[80] Hite J. and Hesterly W. The Evolution of Firm Networks: From Emergence to Early Growth of The Firm. *Strategic Management Journal*, 2001, 22.

[81] Hoad W. M. and Rosko P. Management Factors Contributing to the Success and Failure of New Small Manufacturers. *Bureau of Business Research*, University of Michigan, Ann Arbor, MI, 1964.

[82] Hoang H., Young N. Social Embeddedness and Entrepreneurial Opportunity Recognition: (more) Evidence of Embeddedness. *Frontiers of Entrepreneurship Research*, Babson College, Wellesley, MA. 2000.

[83] Hofer C. W. Toward a Contingency Theory of Business Strategy. *Academy of Management Journal*, 1975, 18.

[84] Hoskisson R. Eden L., Lau C. and Wright M. Strategy in Emerging Economies. *Academy of Management Journal*, 2000, 43.

[85] Hoy F. and Verser TG. Emerging Business, Emerging Field: Entrepreneurship and The Family Firm. *Entrepreneurship Theory & Practice*, 1994.

[86] Howells J. and McKinlay C. *The Commercialization of University Research in Europe*, Manchester: University of Manchester, PREST, 1999.

[87] Hurley R. and Hult. G. T. M. Innovation, Market Orientation, and Organizational Learning: An Integration and Empirical Examination. *Journal of Marketing*, 1998, 62(3).

[88] Ito K. and Rose E. Corporate Genealogy and the Transformation of Resources: A Study of Service Firms in Japan. *Paper presented at the Academy of Management Conference*, San Diego, 1998.

[89] Ito K. and Rose E. The Genealogical Structure of Japanese firms: Parent-subsidiary Relationships. *Strategic Management Journal*, 2001, 15.

[90] Ito K. Japanese Spin-offs: Unexplored Survival Strategies. *Strategic Management Journal*, 1995, 1.

[91] Johnson P. *New firms: An Economic Perspective*. London: Allen&Unwin.

[92] Joshua, B. Powersa and Patricia P. McDougall University Start-up Formation and Technology Licensing With Firms That Go Public: A Resource-based View of Academic Entrepreneurship. *Journal of Business Venturing*, 2005, 20.

[93] Galbraith JR and Kazanjian RK. *Strategy Implementation: Structure, Systems, and Process*, West. 1986.

[94] Kao J. The Worldwide Web of Chinese Business. *Harvard Business*

Review,1993, 71(2).

[95] Katila R. and G. Ahuja. Something Old,Something New: A Longitudinal Study of Search Behavior and New Product Introduction Academy of *Management Journal*,2002,45.

[96] Kenney M. and W. R. Goe. The Role of Social Embeddedness in Professorial Entrepreneurship: A Comparison of Electrical Engineering and Computer Science at UC Berkeley and Stanford. *Research Policy*,2004(33).

[97] Khanna T. and Palepu K. Policy Shocks, Market Intermediaries, and Corporate Strategy: The Evolution of Business Groups in Chile and India. *Journal of Economics and Management Strategy*,1999,8.

[98] Klepper S and Sleeper S. Entry by Spin-offs. *Management Science*, 2005,51(8).

[99] Klepper S. Employee Startups in High-Tech Industries. *Industrial and Corporate Change*,2001,10.

[100] Knight R. M. Spin-off Entrepreneurs: How Corporations Really Create Entrepreneurs. *Frontiers of Entrepreneurship Rearch*,1988.

[101] Koster S. and L. J. G. van Wissen. Inherited resources and company support as a basis for new firm formation. A taxonomy of founding types: start-ups, spin-outs, and spin-offs. In: Karlsson C., B. Johansson and R. Stough. *Entrepreneurship and Dynamics in a Knowledge-Economy*. Toutledge 2009.

[102] Landry R., Amara N. and Ouimet M. Determinants of Knowledge Transfer: Evidence from Canadian University Researchers in Natural Sciences and Engineering. *Journal of Technology Transfer*,2007.

[103] Lee C., Lee K. and Pennings J. Internal Capabilities, External Networks, and Performance: A Study on Technology-based ventures. *Strategic Management Journal*,2001,22(6-7).

[104] Lee Y. S. Technology Transfer and The Research University: A Search for The Boundaries of University-industry Collaboration. *Research Policy*, 1996(25).

[105] Li H. and Atuahene-Gima K.. Product Innovation Strategy and The Performance of New Technology Ventures in China. *Academy of Management Journal*,2001,44(6).

[106] Lindholm Dahlstrand. A Growth and Inventiveness in Technology-

based Spin-off firms. *Research Policy*,1997(26).

[107]Lindholm-Dahlstrand A. Entrepreneurial Spin-Off Enterprises in Goteborg,Sweden. *European Planning Studies*,1997(5).

[108]Lindholm-Dahlstrand A. *Entrepreneurial Origin and Spin-Off Performance.* Paper presented at the 20th′ Annual Entrepreneurship Research Conference, Babson College,USA,2000.

[109]Link A. N. ,Scott J. T. Opening The Ivory Tower' s Door: An Analysis of The Determinants of The Formation of U. S. University Spin-off Companies . *Research Policy*,2005,34.

[110] Lockett A. , Murray G. and Wright M. Do Venture Capitalists Still Have A Bias Against Technology Based Investments? *Research Policy*,2002(31).

[111]Lockett A. ,Wright M. Resources,Capabilities,Risk Capital and The Creation of University Spin-out Companies. *Research Policy*,2005,34.

[112]Lorenzoni G. and Lipparini A. "The Leveraging of Interfirm Relationships As A Distinctive Organizational Capability:A Longitudinal Study. *Strategic Management Journal*,1999,20(4).

[113] MacMillan I. C. To Really Learn About Entrepreneurship, Let Us Study Habitual Entrepreneurs. *Journal of Business Venturing*,1986,1.

[114]Martin R. and Sunley P. Deconstructing Clusters:Chaotic Concept or Policy Panacea? *Journal of Economic Geography*,2003,3.

[115] McGrath R. , MacMillan I. and Venkataraman S. Defining and Developing A Competence: A Strategic Process Paradigm. *Strategic Management Journal*,1995,16(4).

[116]McQueen D. H. and J. T. Wallmark. Spin-off Companies from Chalmers University of Technology. *Technovation*,1982(1).

[117]Meyer M. Academic Entrepreneurs or Entrepreneurial Academics? . Research-based Ventures and Public Support Mechanisms. *R&D Management*, 2003(2).

[118]Moncada P. ,Rojo J. and Fiore F. Early ldentification and Marketion of Innovative Technologies: A Case Study of RTD Result Valorization at the Joint Research Centre. *Technovation* 23,22.

[119] Moncada P. , Tubke A. , Miege R. and Botella T. Corporate and Research-based Spin-Offs: Drivers for Knowledge-based Innovation and

Entrepreneurship. Technical Report EUR-19903-*EN*,2001.

[120] Murray B. Low. The Adolescence of Entrepreneurship Research: Specification of Purpose. *Entrepreneurship: Theory and Practice*,2001,25.

[121] Muzyka D. ,Birley S. and Leleux B. Measuring Research Performance in Entrepreneurship,*Journal of Bussiness Research* Vol. 4,1996.

[122] Neck H. M. , Meyer G. D. , Cohen B. and Corbett A. C. An Entrepreneurial System View of New Venture Creation. *Journal of Small Business Management*,2004,42 (2).

[123] Nicholas Dew, Stuart Read, Saras D. , Sarasvathy Effectual Versus Predictive Logics in Entrepreneurial Decision-making: Differences Between Experts and Novices. *Journal of Business Venturing*,2009,24.

[124] Nielsen P. B. Statistics on New Entreprises, The Entrepreneurs and The Survival of The Start-ups. *Organization for Economic Co-operation and Development*,2001.

[125] O'Shea et al. Entrepreneurial Orientation, Technology Transfer and Spinoff Performance of US Universities. *Research Policy*,2005.

[126] Oliver C. Strategic Responses to Institutional Processes. *Academy of Management Review*,1991. 16.

[127] Park S. and Luo. Y. Guanxi and Organizational Dynamics:Organizational Networking in Chinese Firms. *Strategic Management Journal*,1998,22.

[128] Pavitt K. Technologies, Product and Organization in The Innovation Firms: What Adam Smith Tells Us and Joseph Schempeter Does not . *Industrial and Corporation Change*,1998,7(3).

[129] Peng M. and Luo Y. Managerial Ties and Firm Performance in A Transition Economy: The Nature of A Micro-macro Link. *Academy of Management Journal*,2002,43 (3).

[130] Peng M. and Zhou J. How Network Strategies and Institutional Transitions Evolve in Asia. *Asia Pacific Journal of Management*,2005,22 (4).

[131] Peng M. W. ,Zhang S. J. and Li X. C. CEO Duality and Firm Performance During China's Institutional Transitions. *Management and Organization Review*,2007 (2).

[132] Pirnay F. , Surlemont B. and Nlemvo F. Toward a Typology of University Spin-offs. *Small Business Economics*,2003,21.

[133] Politis D. and Gabrielsson J. Entrepreneurial Decision Making: Examining Preferences for Causal and Effectual Reasoning in The New Venture Creation Process. *Lund Institute of Economic Research Working Paper Series*, 2006.

[134] Pouder R. and John C. Hot Spots and Blind Spots: Geographical Clusters of Firms and Innovation. *Academy of Management Review*, 1996, 21(4).

[135] Powers J. and McDougall P. University Start-Up Formation and Technology Licensing with Firms That Go Public: A Resource Based View of Academic Entrepreneurship. *Journal of Business Venturing*, 2005, 20.

[136] Ramu S. *Restructuring and Break-Ups: Corporate Growth Through Divestitures, Spin-Offs, Split-Ups and Swaps.* Corwin Press, 1990.

[137] Ranjay and Gulati. Alliances and Networks. *Strategic Management Journal*, 1998, 19.

[138] Réjean Landry, Nabil Amara and Imad Rherrad. Why Are Some University Researchers More Likely to Create Spin-offs Than Others? Evidence from Canadian Universities. *Research Policy*, 2006, 35.

[139] Rerup C. Learning from Past Experience: Footnotes on Mindfulness and Habitual Entrepreneurship. *Scandinavian Journal of Management*, 2005, 21.

[140] Roberts E. B. and Malone D. E. Policies and Structures for Spinning off New Companies From Research and Development Organizations. *R&D Management*, 1996(26).

[141] Roberts E. et al. Policies and Structures for Spinning off New Companies from Research and Development Organizations. *R&D Management*, 1996(2).

[142] Romanelli E. Environments and strategies of organization start-up: Effects on early survival. *Administrative Science Quarterly*, 1989.

[143] Sadtler D., Campbell A. and Koch R. *Breakup!: How Companies Use Spin-Offs to Gain Focus and Grow.* New York: StrongMhe Free Press, 1997.

[144] Sandberg W. R. and Hofer C. W. Improving New Venture Performance: The Role of Strategy, Industry Structure, and The Entrepreneur. *Journal of Business Venturing*, 1987, 2(1).

[145] Schipper K. and Smith A. Effects of Recontracting on Shareholder Wealth: The Case of Voluntary Spin-Offs. *Journal of Financial Economics*, 1983, 12.

[146] Schoenecker T. and Cooper A. The Role of Firm Resources and Organizational attributes in determining entry timing: A cross-industry Study.

Strategic Management Journal, 1998, 19(12).

[147] Scott, Shane and Daniel. Cable, Network Ties, Reputation, and the Financing of New Ventures. *Management Science*, 2002, 48(3).

[148] Shah S. and M. Tripsas. *When Does User-innovator Start Firms? Towards Theory of User Entrepreneurship*. University of Illinois, Urbana Chanmpaign, 2004.

[149] Shane S. Technology Regimes and New Firm for Mation. *Management Science*, 2001, 47(9).

[150] Shane S. Prior Knowledge and The Discovery of Entrepreneurial Opportunities. *Organization science*, 2000, 11(4).

[151] Shane S. *Academic Entrepreneurship: University Spin-Offs and Wealth Creation*. UK: Edward Elgar, 2004.

[152] Shane S. Encouraging University Entrepreneur-ship: The Effect of The Bayh-Dole Act on University Patenting in The United States. *Journal of Business Venturing*, 2004, 19(1).

[153] Shane S. A General Theory of Entrepreneurship: the Individual-opportunity Nexus. Edward Elgar, Cheltenham, UK. Northampton, MA, USA, 2003.

[154] Shane S. and Venkataraman S. The Promise of Entrepreneurship as A Field of Research. *Academy of Management of Review*, 2000, 25(1).

[155] Shaver KG and Scott LR. Person, process, choice: The psychology of new venture creation. *Entrepreneurship Theory and practice*, 1991, 16(2).

[156] Shrader R. C. and Simon M. Corporate Versus Independent New Ventures: Resource, Strategy, and Performance Differences. *Journal of Business Venturing*, 1997, 12(1).

[157] Siegel D., Waldman D., Atwater L. and Link A. Toward a Model of the Effective Transfer of Scientific Knowledge from Academicians to Practitioners: Qualitative Evidence from the Commercialization of University Technologies. *Journal of Engineering and Technology Management*, 2004(21).

[158] Smilor R. University Spin-out Companies: Technology Start-ups from UT-Ausin. *Journal of Business Venturing*, 1990(5).

[159] Steffensen M., Rogers E. M. and Speakman K. Spin-offs from Research Centers at A Research University. *Journal of Business Venturing*, 1999, 15.

[160] Stuart R. and Abetti P. A. Impact of Entrepreneurial and Management Experience on Early Performance. *Journal of Business Venturing*, 1990, 5.

[161]Teal E. J and Hofer C. W. The Determinants of New Venture Success Strategy, Industry Structure and The Founding Entrep Reneurial Team . *Journal of Private Equity*, 2003, 6(4).

[162] Timmons JA. *New Venture Creation* (*5th Edition*), Irwin McGraw-Hill, 1999.

[163]Timmons JA and Spinelli S. *New Venture Creation*: *Entrepreneurship for the 21st Century with PowerWeb and New Business Mentor CD*, Irwin-McGraw-Hill, 2003.

[164]Tübke A. *Success Factors of Corporate Spin-Offs*, Unpublished Doctoral Dissertation, Department of Industrial Organisation and Business Administration, University of Seville, 2001.

[165]Van de Ven, A. H. Hudson R and Schroeder. Designing New Business Start-ups: Entrepreneurial, Organizational, and Ecological Considerations. *Journal of Management*, 1984, 10.

[166]Venkataraman S. The Distinctive Domain of Entrepreneurship Research. *Advances in Entrepreneurship, Firm Emergence and Growth*, 1997, 3(1).

[167]Walter A. , Auer M. and Ritter T. The Impact of Network Capabilities and Entrepreneurial Orientation on University Spin-off Performance. *Journal of Business Venturing*, 2006, 21.

[168]Weston J, Chung K and Hoag S. Mergers, *Restructuring and Corporate Control.* Prentice-Hall International, 1990.

[169]Woo C, Willard G and Daellenbach U. Spin-Off Performance: A Case of Overstated Expectations. *Strategic Management Journal*, 1992, 13.

[170]Wright M, Lockett A. , Clarysse B. and Binks M. University Spin-out Companies and Venture Capital. *Research Policy*, 2006, 35.

[171]Zhang S and Li X. Managerial Ties, Firm Resources, and Performance of Cluster Firms. *Asia Pacific Journal of Management*, 2008, 25(4).

[172]Zhao L. M. and Aram J. D. Networking and Growth of Young Technology-intensive Ventures in China. *Journal of Business Venturing*, 1995, 10(5).

中文部分

［1］［美］爱迪思．企业生命周期．赵睿等译．北京：中国社会科学出版社，1997.

［2］边燕杰，丘海雄．企业的社会资本及其功效．中国社会科学，2000（2）．

［3］陈茸．中国高校上市公司经营业绩及影响因素分析．厦门大学硕士学位论文，2005.

［4］陈贞岑．智慧资本与组织创新绩效间关系之研究——以企业家精神导向、市场导向为调节变数．国立成功大学硕士学位论文，1995.

［5］程鹏．外部环境与组织柔性对企业创新模式选择的影响研究．吉林大学博士学位论文，2004.

［6］董保宝，葛宝山．经典创业模型回顾与比较．外国经济与管理，2008（3）．

［7］董俊武，陈震红．从关系资本理论看战略联盟的伙伴关系管理．财经科学，2003（5）．

［8］董乃文．技术创新策略、产业环境与竞争优势之间关系研究——基于IC设计产业为研究对象．南台科技大学硕士学位论文，1992.

［9］杜霞．清华大学衍生公司的研究．清华大学硕士学位论文，2004.

［10］段存广，张俊生．基于大学功能演进的大学衍生企业研究．科学学研究，2007（S2）．

［11］段锦云，田晓明，薛宪方．效果推理：不确定性情境下的创业决策．管理评论，2010（2）．

［12］方世建．试析效果逻辑的理论渊源、核心内容与发展走向．外国经济与管理，2012（1）．

［13］方世建．试析效果逻辑的理论渊源、核心内容与发展走向（续）．外国经济与管理，2012（2）．

［14］符正平．论企业集群的产生条件与形成机制．中国工业经济，2002（10）．

［15］郭劲光，高静美．网络、资源与竞争优势：一个企业社会学视角下的观点．中国工业经济，2003（3）．

［16］郭庆旺，贾俊雪．地方政府行为、投资冲动与宏观经济稳定．管理世界，2006（5）．

[17] 贺小刚，李新春．资源异质性、同质性与企业绩效关系研究——以我国医药类上市公司为例．南开管理评论，2004（2）．

[18] 黄江圳，董俊武．中小企业网络、资源与成长问题研究．外国经济与管理，2002（24）．

[19] 姜彦福，邱琼．创业机会评价重要指标序列的实证研究．科学学研究，2004（1）．

[20] 焦豪，周江华，谢振东．创业导向与组织绩效间关系的实证研究——基于环境动态性的调节效应．科学学与科学技术管理，2007（11）．

[21] 焦豪．企业动态能力、环境动态性与绩效关系的实证研究．软科学，2008（4）．

[22] 教育部科技发展中心．2008 年度中国高等学校校办产业统计报告．成都：西南交通大学出版社，2008.

[23] 雷家啸，冯婉玲．高新技术创业管理．北京：机械工业出版社，2001.

[24] 李怀祖．管理研究方法论．西安：西安交通大学出版社，2004.

[25] 李良成．影响新建科技企业绩效的因素研究——基于广州地区留学回国人员的创业．暨南大学博士学位论文，2006.

[26] 李强，黄国良．动态环境下创新战略与资本结构关系分析——来自能源上市公司的证据．科技管理研究，2005（9）．

[27] 李顺才，李伟，王苏丹．企业家先验知识、创新认知与创新力关系研究——关于企业家创新行为的理论分析框架．科学学与科学技术管理，2008（5）．

[28] 李新春．企业集群化成长的资源能力获取与创造．学术研究，2002（7）．

[29] 李新春．企业家协调与企业集群——对珠江三角洲专业镇企业集群化成长的分析．南开管理评论，2002（3）．

[30] 李新春．企业战略网络的生成发展与市场转型．经济研究，1998（4）．

[31] 李雪灵，万妮娜．基于 Timmons 创业要素模型的创业经验作用研究．管理世界，2009（8）．

[32] 李永刚．论产业集群创新与模仿的战略选择．中国工业经济，2004（12）．

[33] 李永刚．小企业群落式裂变衍生的机理模型分析．财经论丛，

2002（6）.

［34］李昱．大学衍生企业成长中的核心要素浅析——基于创业研究的视角．科技管理研究，2005（10）.

［35］林强，姜彦福，张健．创业理论及其架构分析．经济研究，2001（9）.

［36］林嵩，张帏，姜彦福．创业成长模型评述及构建思路探讨．科研管理，2007（1）.

［37］林嵩，姜彦福．创业活动为何发生：企业倾向迁移的视角．中国工业经济，2012（6）.

［38］林毅夫．潮涌现象与发展中国家宏观经济理论的重新构建．经济研究，2007（1）.

［39］娄成武，陈俊．解读美日研究型大学衍生企业及对我国的启示．科学学研究，2005（12）.

［40］潘谷平，章滢．高校科技成果转化的制约因素及对策探讨．中国科技论坛，2001（6）.

［41］潘旭璋．台湾传统产业升级创新模型研究——以汽车零组件堤维西公司为例．立德管理学院硕士学位论文，1994.

［42］潘镇，鲁明泓．中小企业绩效的决定因素——一项对 426 家企业的实证研究．南开管理评论，2005（8）.

［43］秦剑．基于创业研究视角的效果推理理论及实证研究前沿探析与未来展望．外国经济与管理，2010（7）.

［44］秦剑．基于效果推理理论的创业实证研究及量表开发前沿探析与未来展望．外国经济与管理，2011（6）.

［45］丘海雄，徐建牛．产业集群技术创新中的地方政府行为．管理世界，2004（10）.

［46］苏晓华，张书军．企业何以衍生．中大管理研究，2009（2）.

［47］苏晓华，张书军，周惠连．资源视角下的衍生战略：适用性及有效性．科学·经济·社会，2006（4）.

［48］苏中锋，谢恩，永风．环境的包容性和复杂性对战略柔性实施效果的影响研究．科学学与科学技术管理，2006（9）.

［49］唐靖，张帏，高建．不同创业环境下的机会认知和创业决策研究．科学学研究，2007（2）.

［50］田莉，薛红志．创业团队先前经验、承诺与新技术企业初期绩

效——一个交互效应模型及其启示．研究与发展管理，2009（4）．

［51］汪良军．企业家、企业资源与衍生企业创业．商业研究，2007（5）．

［52］王海珍，刘新梅，张永胜，穆若峰．高管团队政府工作经验、政治网络与企业绩效的关系研究．管理科学，2008（7）．

［53］王缉慈等．创新的空间：企业集群与区域发展．北京：北京大学出版社，2001.

［54］王珺．集群成长与区域发展．北京：经济科学出版社，2004.

［55］王满四．上市公司负债融资的公司治理效应分析——考虑环境因素．证券市场导报，2005（5）．

［56］王小平，高亮华．大学技术转移的衍生企业模式研究．清华大学学报（哲学社会科学版），2003（S1）．

［57］王迎军．企业资源与竞争优势．南开管理评论，1998（1）．

［58］王永贵，黄清河，郑焕强．基于资源观的竞争优势研究．当代财经，2001（3）．

［59］韦影．企业社会资本对技术创新绩效的影响．浙江大学博士学位论文，2006.

［60］薛红志，王迎军，田莉．创业者先前工作经验与新企业初期绩效的关系研究．科学学研究，2009（6）．

［61］杨德林，邹毅．中国研究型大学科技企业衍生模式分析．科学管理研究，2003（4）．

［62］杨德林，汪青云，孟祥清．中国研究型大学衍生企业活动影响因素分析．科学学研究，2007（3）．

［63］杨鹏鹏，万迪昉，王廷丽．企业家社会资本及其与企业绩效的关系——研究综述与理论分析框架．当代经济科学，2005（4）．

［64］叶红雨．管理水平、职业经理人与企业绩效——来自中国 A 股高校上市公司 2001～2004 年的实证检验．商业经济与管理，2006（14）．

［65］于晓红．上市公司行业环境、创新战略与资本结构研究．吉林大学博士学位论文，2008.

［66］余国新，程静，张建红．中小板高新技术行业上市公司高管背景特征与经营绩效关系的研究．科技管理研究，2010（1）．

［67］余颖．发展高校上市公司：高科技产业化突破口．亚太经济，2001（5）．

［68］袁靖宇，常向阳．中国高校上市公司状况分析．现代经济探讨，2002（9）．

［69］曾德明，周蓉，陈立勇．环境动态性、资本结构与公司绩效关系的研究．财经研究，2004（3）．

［70］张方华．企业的社会资本与技术合作．科研管理，2004（2）．

［71］张嘉雯．地理群聚、组织间关系与关系镶嵌网络地位对创新绩效的影响：台湾制造业的实证．远东学报，1995（2）．

［72］张军．转轨经济中的“过度进入”问题——对“重复建设”的经济学分析．复旦学报（社会科学版），1998（1）．

［73］张书军，李新春．企业衍生、资源继承与企业竞争力．学术研究，2005（4）．

［74］张书军，苏晓华．衍生创业企业的战略选择与绩效．研究与发展管理，2008（2）．

［75］张书军，李新春．集群资源、战略网络与企业竞争力．产业经济评论，2005（2）．

［76］张玉利，田新，王瑞．创业决策：Effectuation 理论及其发展．研究与发展管理，2011（2）．

［77］张玉利，杨俊．试论创业研究的学术贡献及其应用．外国经济与管理，2009（1）．

［78］张玉利，杨俊，任兵．社会资本、先前经验与创业机会——一个交互效应模型及其启示．管理世界，2008（7）．

［79］郑新立．应对世界金融危机的回顾与展望——2009 年我国经济运行与宏观调控政策分析．产经评论，2010（1）．

［80］支燕．创新能力、技术转化与创新绩效——来自我国电子信息业上市公司的实证．科学学与科学技术管理，2009（3）．

［81］智瑞芝．区域创新视角下的日本大学衍生企业研究．华东师范大学博士学位论文，2007.

［82］周一杰，王柏轩．大学衍生企业与母体的互动发展模型探析．技术经济，2009（4）．

［83］朱华晟．浙江产业群——产业网络、成长轨迹与发展动力．杭州：浙江大学出版社，2003.

后 记

蒙国家自然科学基金面上项目“联盟战略、新生学习优势与新创企业合法性研究”（批准号：71172078）、国家自然基金青年项目“新创企业模式选择与竞争力：基于母体企业资源继承与创新的研究”（批准号：70602018）和国家自然科学基金重点项目“国际化背景下我国创业企业的社会网络与创业成长”（批准号：71232009）的支持，我们研究团队过去几年一直在创业领域开展研究，特别是围绕衍生创业进行了一系列相关研究。本书即是对过往成果的一个梳理与整合，希望借此能够对衍生创业这一现实中普遍存在而又未引起足够关注的现象进行专门与系统的研究。这其中要特别感谢以下几位同学：张鹤馨、刘佳延、郭林峰、王招治、朱培军和蔡飞、彭海东，如果没有他们的协助，这本书不会这么顺利地呈现在大家面前。感谢暨南大学出版社徐义雄社长和潘雅琴编辑的大力支持，没有他们的帮助，这本书也无缘面世。还要感谢暨南大学和管理学院的领导与同事，是他们给我们提供宽松自由的学术氛围，让我们能够追随兴趣去探究一些问题。当然，由于自身功力有限，书中肯定存在很多疏漏，恳请读者批评指正。

著者于暨南园

2013 年 6 月